KB139999

기호와 언어로 읽는
12가지 세상 이야기

— 학문의 경계를 넘어서

기호와 언어로 읽는 12가지 세상 이야기

—— 학문의 경계를 넘어서

14

김은일 · 류미령 지음

한국문화사

머리말

 우리는 4차 산업혁명시대를 살고 있습니다. 인공지능(AI), 사물
인터넷(IoT), 무인자동차, 3D 인쇄, 로봇공학, 나노기술 등의 분야
에서 새로운 기술 혁신이 이루어지고 있습니다. 인공지능이 그림을
그리고, 작곡을 하고 또 소설을 창작하는 시대로 접어들었습니다.
하지만 Steve Jobs의 말대로 기술로만은 부족하고, 교양과 결합된
기술 또는 인문학과 결합된 기술이야말로 가슴 벅찬 결과를 가져올
것입니다.

> "Technology alone is not enough. It's technology married
> with the liberal arts, married with the humanities, that yields
> us the results that make our hearts sing."
>
> (Steve Jobs의 2011년 아이패드2 출시연설문)

 언어는 본질적으로 의사소통을 위한 것입니다. 따라서 언어 속에
는 우리의 생각과 감정이 담겨있습니다. 이러한 측면에서 언어는
기호의 한 종류입니다. 의미와 언어 사이의 기호학적인 관계를 이
해하는 것이 곧 인간을 이해하는 지름길입니다. 이 책에서는 기호
와 언어를 통해 심리, 광고, 기업, 미술, 시, 법, 경제, 수학, 물리,

윤리, 문화 등 다양한 세상 이야기를 하려고 합니다. 다양한 분야의 이야기는 기호학적인 관점에서 보면 서로 관련이 있습니다. 세상 이야기를 닮음, 가까움, 약속, 어울림, 묶음과 언저리, 짝 맞춤, 환경, 관계, 틀, 가로와 세로, 다름, 소통과 공감이라는 12개의 주제로 나누어 보았습니다.

　이 시대를 살아가는 우리는 인간에 대한 이해를 바탕으로 소통하고 공감할 수 있는 능력을 지니는 것이 무엇보다도 중요합니다. 앞으로 기호와 언어의 관점에서 살펴보게 될 12가지 세상 이야기들을 통해 인간을 이해하고, 여러분의 개성과 창의성을 발휘하는데 도움이 되기를 바랍니다.

2018년 8월 15일

목차

머리말 _ 4

0번째 이야기: 들어가기 _ 11

0.1. 4차 산업혁명시대에서의 인문학의 역할 _ 13

0.2. 왜 기호(sign)와 언어(language)인가? _ 17
0.2.1. 기호란? _ 17
0.2.2. 언어란? _ 25

0.3. 기호, 언어 그리고 세상 이야기 _ 27

1번째 이야기: 닮음 _ 29

1.1. 이모티콘 그리고 재미있는 것들 _ 31

1.2. 언어에서의 닮음 _ 33
1.2.1. 기표와 기의의 닮음: 도상성 원리 _ 33
1.2.2. 기의들끼리의 닮음: 은유 _ 41
1.2.3. 소리의 닮음: 동음어와 동화 _ 54

1.3. 닮음과 유행 _ 59

2번째 이야기: 가까움 _ 61

2.1. 이웃사촌과 후광효과 _ 63

2.2. 언어에서의 가까움 _ 64
2.2.1. 가까운 소리의 영향: 동화 _ 64

2.2.2. 기의들끼리의 가까움: 환유 _ 66

2.2.3. 기표와 기의의 가까움: 지표성 원리 _ 75

2.3. 다양한 관점 _ 85

3번째 이야기: 약속 _ 91

3.1. 새끼손가락과 약속 _ 93

3.2. 언어에서의 약속 _ 96

3.2.1. 의미적 투명성 _ 96

3.2.2. 새로운 기표를 찾아서 _ 113

3.3. 새로움의 추구 _ 115

4번째 이야기: 어울림 _ 119

4.1. 쿠팡과 기업 혁신 _ 121

4.2. 언어에서의 어울림 _ 123

4.2.1. 연어(collocation) _ 123

4.2.2. 코퍼스 _ 130

4.3. 정보화와 Big Data _ 138

5번째 이야기: 묶음과 언저리 _ 141

5.1. 도덕적 딜레마 & 묶음 또는 범주에 대한 생각 _ 143

5.2. 세상과 언어에서의 묶음 _ 146
　　5.2.1. 묶음에 대한 고전적 생각: 범주화의 고전적 견해 _ 146
　　5.2.2. 묶음에 대한 원형적 생각: 범주화의 원형적 견해 _ 148

5.3. 세상을 어떤 식으로 묶을까? _ 163

6번째 이야기: 짝 맞춤 _ 167

6.1. 화성에서 온 남자, 금성에서 온 여자 _ 169

6.2. 언어에서의 짝 맞춤 현상 _ 171
　　6.2.1. 짝 맞춤과 의사소통 _ 171
　　6.2.2. '일대다'의 관계: 다의성 _ 172

6.3. 아날로그와 디지털의 세상 _ 183
　　6.3.1. 이진법과 의사소통 _ 184
　　6.3.2. 아날로그 vs. 디지털 _ 187

7번째 이야기: 환경 & 동과 서 Ⅰ _ 191

7.1. 무엇을 보는가? _ 193

7.2. 생태적 환경과 사고 _ 197
　　7.2.1. 동양문화 _ 197
　　7.2.2. 서양문화 _ 199

7.3. 자연과 인간 그리고 우주 _ 200
　　7.3.1. 자연과 인간 _ 200
　　7.3.2. 우주관 _ 206

7.4. 맥락으로서의 상황 _ 207
　　7.4.1. 상황론과 인본주의 _ 207
　　7.4.2. 상황과 원칙 _ 211
7.5. 우리들 속의 동과 서 _ 214

8번째 이야기: 관계 & 동과 서 Ⅱ _ 219

8.1. 어떻게 보는가? _ 221
8.2. 관계 _ 224
　　8.2.1. 이웃과의 관계: 집단주의 vs. 개인주의 _ 224
　　8.2.2. 전체와 나의 관계 _ 228
8.3. 입장 _ 234
8.4. 정의란 무엇인가? _ 238

9번째 이야기: 틀 _ 245

9.1. 창 _ 247
9.2. 마음속의 틀 _ 248
　　9.2.1. 현재 _ 249
　　9.2.2. 나 _ 250
9.3. 언어와 틀 _ 252
　　9.3.1. 작은 창 vs. 큰 창 _ 252
　　9.3.2. 맑은 창 vs. 흐릿한 창 _ 260
　　9.3.3. 특정 창으로만 보이는 언어 _ 261
　　9.3.4. 틀로서의 언어 _ 262
9.4. 경제생활과 틀 _ 263

10번째 이야기: 가로와 세로 _ 271

10.1. 가로 읽기와 세로 읽기 _ 273

10.2. 언어속의 가로세로 _ 275

10.3. 신화속의 가로세로 _ 279

10.4. 숫자와 가로세로 _ 282

10.5. 세로로 본 세상 _ 285

11번째 이야기: 다름 _ 295

11.1. 일상생활속의 다름 _ 293
    11.1.1. 숫자 읽기 _ 293
    11.1.2. 나이 계산하기 _ 295

11.2. 언어에서의 다름 _ 297
    11.2.1. 차이를 만드는 소리 _ 297
    11.2.2. 음절 _ 301
    11.2.3. 라임과 리듬 _ 304

11.3. 다름에 대한 다른 생각 _ 310

12번째 이야기: 소통과 공감 _ 313

참고문헌 _ 319

찾아보기 _ 321

번역용어 찾기 _ 325

■ ■ ■ ■ 0번째 이야기

들어가기

0.1. 4차 산업혁명시대에서의 인문학의 역할

0.2. 왜 기호(sign)와 언어(language)인가?

    0.2.1. 기호란?

    0.2.2. 언어란?

0.3. 기호, 언어 그리고 세상 이야기

■■■ ■

우리는 4차 산업혁명시대(the Fourth Industrial Revolution Era)를 살고 있습니다. 여기에서는 4차 산업혁명시대에 왜 인문학(humanities)이고, 왜 기호(sign)와 언어(language)인지 살펴보도록 하겠습니다.

0.1. 4차 산업혁명시대에서의 인문학의 역할

스마트폰을 만드는 세계 1, 2위 기업인 삼성과 애플은 기업문화에서 어떤 차이점이 있을까요? 2011년 4월에 애플과 삼성 간의 특허분쟁이 시작되었습니다. 두 회사가 서로 자사의 특허를 침해했다는 이유로 소송을 제기하였습니다. 그런데 하나 흥미로운 사실은 서로 침해당했다고 주장하는 특허의 종류가 다른 것이었습니다.

<그림 1> 애플과 삼성의 로고

삼성은 애플이 자사의 통신기술과 관련된 특허를 침해했다고 주장하는 반면, 애플은 삼성이 자사의 디자인과 관련된 특허를 침해했다고 주장하였습니다. 디자인과 관련된 특허는 아이콘(icon)의 배열이나, 밀어서 잠금을 해제하거나, 두 손가락으로 화면을 확대하거나 축소하는 기능 등을 포함합니다. 김대식(2014)의 지적대로[1] 국내 기업들은 더 빠르고, 더 큰 것만을 최고로 생각하는 반면, 미국 기업들은 새로운 전설과 스토리를 만들어낼 줄 압니다.

두 기업 간의 이러한 차이점은 어디에서 비롯된 것일까요? 우선, 두 기업은 인적 구성이 다릅니다. 삼성의 직원은 대다수 공학 전공자인 반면 애플은 인문학을 포함한 다양한 분야의 전공자들이 주류를 이룹니다. 자연스럽게 삼성에서는 공학 전공자들이 자신들의 장점인 통신기술에서 앞서려고 노력하는 반면 애플에서는 사용자의 입장에서 편리한 디자인에 집중하려는 것이겠지요. 이렇게 인적구성이 달라지게 한 데에는 근본적으로 두 기업의 체질이 다르기 때문이겠지요. 이균성(2017)에 의하면,[2] 삼성은 이과체질인 반면 애플은 문과체질입니다. 삼성은 곧이곧대로 정직하게 정답을 찾듯이 새로운 기술을 사용하는 제품을 만들려고 하는 반면, 애플은 다양한 변수를 찾거나 차원을 바꿔 색다른 답을 찾듯이 쓰임새가 다른 제품을 만들려고 합니다. 삼성이 원천기술에 초점을 둔다면 애플은 활용기술에 초점을 두는 것입니다. 실제로 2014년 기준으로 삼성이 애플에 비해 더 많은 특허(2,179건 vs. 647건)를 갖고 있고, 연간투자액(14

---

1) 조선일보의 칼럼 '김대식의 브레인 스토리 103: 호모 사피엔스냐 네안데르탈인이냐.
   http://news.chosun.com/site/data/html_dir/2014/09/24/2014092405524.html
2) ZD Net Korea의 이균성 칼럼 '2가지 혁신의 길: 기술을 보는 삼성과 애플의 관점 차이'.
   http://www.zdnet.co.kr/news/news_view.asp?artice_id=20160121153853

조 8천억원 vs. 9조4천억)도 더 많이 들이고 있으나 특허분쟁에서 삼성이 재정적인 측면에서 이겼다고 할 수 없습니다. 삼성이 중요시하는 기술은 인류에게 보편적으로 사용되어야 한다는 철학에 근거해 기술 공유를 강제하는 표준특허(standard essential patent) 제도에 영향을 받는 반면, 애플이 중요시하는 디자인 기술은 상용특허(commercial patent)에 해당되어 지나치게 보호를 받기 때문입니다.

삼성과 애플은 제품을 개발하는 방식에서도 차이를 보입니다. 이균성(2017)의 용어를 빌리면, 삼성은 귀납적(inductive)이고 애플은 연역적(deductive)입니다. 삼성은 자체적으로든 협력업체의 도움을 받든 새로운 기술을 먼저 개발하고 이런 기술을 집약할 수 있는 제품을 만드는 반면, 애플은 먼저 어떤 제품을 만들 것인지 그 개념부터 먼저 완성을 한 다음 협력업체에 그 제품에 필요한 기술을 개발할 것을 주문합니다. 다른 말로 표현하자면, 삼성은 기술을 모아서 출시할 제품을 만드는 상향식(bottom-up)인 접근법을 사용하는 반면, 애플은 먼저 출시할 제품에 대한 큰 그림(big picture)을 그린 다음 필요한 기술을 확보하는 하향식(top-down) 방식을 사용한다고 볼 수 있습니다. 그런데 출시할 제품이 어떤 제품이 되어야할지 큰 그림을 그린다는 것이 결코 쉬운 일이 아닙니다. 특히 기술개발에만 몰두한 공학도들만의 힘만으로는....

기술만 가지고서는 상업화에 성공할 수 없음을 외국 기업들의 사례를 통해 알 수 있습니다. SONY와 Kyocera는 가장 먼저 각각 전자책과 카메라가 장착된 휴대폰을 만들었지만 정작 시장에서 성공을 거두지 못하였습니다. 삼성에서도 디자인 또는 인문학적 사고가 중요하다는 사실을 깨닫고 2013년부터 인문학 전공자를 소프트웨어 전문가로 채용할 계획을 세워 시행하고 있습니다. 소프트웨어를 기술과 인간에 대한 이해를 바탕으로 하는 융합(convergence) 학문으로 인식하고 창의적인 인재를 육성할 목표로 소위 삼성 컨버전스 소프트웨어 아카데미(SCSA)를 운영해오고 있습니다. 4차 산업혁명 시대를 맞아 다소 늦은 감은 있지만 바람직한 변화라고 생각됩니다. 교양과 인문학의 중요성은 애플의 창업자인 Steve Jobs가 2011년 아이패드 2를 출시하면서 한 연설을 통해서도 알 수 있습니다.

"Technology alone is not enough. It's technology married with the liberal arts, married with the humanities, that yields us the results that make our hearts sing."

기술로만은 부족하고, 교양과 결합된 기술 또는 인문학과 결합된 기술이야말로 가슴 벅찬 결과를 가져올 것이라는 주장입니다.

이런 시대적인 흐름 속에서 우리는 무엇을 준비해야 할까요? 인간에 대한 이해를 바탕으로 세상에 대한 다양한 비판적 시각을 갖도록 하는 것이 그 어느 때보다 더 필요한 시점입니다. 실리콘밸리의 기업인들 중에서 인문학 전공자들이 많다는 사실을 통해서도 인문학적 소양의 중요성을 알 수 있습니다. YouTube의 CEO인 Susan Wojcicki는 역사와 문학을, 숙박공유 기업인 Airbnb의 설립자인 Brian Chesky는 미술을, 소셜 네트워크 서비스 기업인 LinkedIn의 창업자인 Reid Hoffman은 철학을, 메신저 개발 업체인 Slack의 창업자인 Stewart Butterfield는 철학을 전공하였습니다. 중국의 Alibaba의 창업자인 마윈은 영어영문학을 전공하였습니다.

〈그림 2〉 CEO나 창업자가 인문학 전공인 대표적인 회사

0.2. 왜 기호(sign)와 언어(language)인가?

인문학의 다양한 학문분야 중에서 왜 우리는 기호와 언어에 대해 탐구하려는 것일까? 잠시 후 아래에서 살펴보겠지만, 언어는 기호의 특성을 지니고 있습니다. 다르게 표현하면, 언어는 기호의 한 종류입니다. 언어는 인간만이 가지고 있는 특질로 인간의 생각과 경험을 바탕으로 형성됩니다. 따라서 언어를 이해하는 것이 곧 인간을 이해하는 지름길이 되기 때문입니다. 아래에서는 기호와 언어에 대해 개관하도록 하겠습니다.

0.2.1. 기호란?

기호라는 표현이 많은 독자들에게 생소하게 들릴 수 있습니다. 하지만 기호를 영어로 옮겨놓고 보면 전혀 생소하지 않습니다. 영어로는 sign입니다. 우리가 교통신호(traffic sign)라고 할 때 그 신호가 바로 기호입니다. 교통신호는 하나의 기호입니다. 기호는 근본적으로 신호와 같은 의미이지만 좀 더 포괄적인 의미로 사용하기 위해 신호라는 용어대신에 새롭게 만들어 사용하는 새로운 (번역) 용어라고 할 수 있습니다. 교통신호를 기호라고 분류하는데, 어떤 특징을 지닌 것을 기호라고 할 수 있을까요?

0.2.1.1. 기호의 구성요소

교통신호의 예를 좀 더 구체적으로 들어보겠습니다. 교통신호등 (traffic lights)에서 빨간 불(red light)을 보면 어떤 행동을 합니까?

빨간 불을 보면 멈추겠지요. 빨간 불은 멈추라는 의미이니까요. 여기에서 두 가지의 개념을 생각해 볼 수 있습니다. 첫째는 빨간 불 자체이고 둘째는 빨간 불이 의미하는 바입니다. 우리는 빨간 불 자체를 기표(signifier)라고 부르고, 그 기표가 의미하는 바를 기의(signified)라고 부릅니다. 초록 불(green light) 신호등에서 기표와 기의는 각각 무엇일까요? 기표는 초록 불 자체가 되겠고, 가라는 의미는 기의가 되겠습니다. 이처럼 기표와 기의로 구성된 것을 기호라고 합니다. 다르게 표현하면, 기호는 기표와 기의로 이루어집니다.

<그림 3> 신호등

(1) 기호(sign) = 기표(signifier) + 기의(signified)

아래 그림의 얼굴표정(facial expression)은 모두 기호일까요? 아니라면 어떤 얼굴표정이 기호이고 어떤 표정이 기호가 아닐까요? 그리고 기호가 아니라면 왜 기호가 되지 못하는 것일까요?

〈그림 4〉 기호 vs. 기호가 아닌 것

왼쪽의 두 얼굴표정은 각각 놀라움과 분노를 나타냅니다. 반면 오른쪽 그림은 단지 코를 푸는 장면입니다. 왼쪽의 두 그림은 각 얼굴표정이 놀라움과 분노라는 기의를 가지기 때문에 기호로 볼 수 있지만, 오른쪽 그림의 코를 푸는 동작은 어떤 의미의 기의도 가지지 못하기 때문에 기호로 볼 수 없습니다. 다만 코를 푸는 행위를 항의의 의미로 했다면 코를 푸는 얼굴표정도 기의를 갖기 때문에 기호로 볼 수 있습니다. 요약하자면, 기호란 기표와 기의로 구성됩니다. 아래에서는 기표와 기의와의 관계에 따라 기호의 종류를 세분화할 수 있음을 살펴보겠습니다.

0.2.1.2. 기호의 종류

기표와 기의와의 관계에 따라 기호를 세 종류—즉, 도상(icon),[3]

상징(symbol), 지표(index)—로 나누어볼 수 있습니다. 먼저, 도상에 대해 살펴보도록 하겠습니다. 도상은 기표와 기의가 닮아 있는 것을 말합니다. 아래 그림을 잘 살펴봅시다.

<그림 5> 도상의 예

그림 속에 나오는 도로표지판의 굽은 화살표 자체는 기표입니다. 그리고 이 기표가 나타내는 기의는 그림 속에 보이는 굽은 도로입니다. 그런데 이 기표와 기의는 서로 닮았습니다. 이처럼 기표와 기의가 닮은 기호를 도상이라고 부릅니다.

위에서 살펴본 도로표지판 외에 우리 주변에 어떤 도상들이 있을까요? 화장실 문에 붙어있는 남녀를 구분하는 그림이 도상입니다. 그리고 각종 스포츠를 나타내는 그림도 도상입니다.

---

3) 일상생활에서 'icon'은 일반적으로 '아이콘'이라 하지만, 앞으로 'iconicity'와 같은 연관된 용어도 함께 사용해야하기 때문에 '도상'이란 번역 용어를 주로 사용하고 필요한 곳에서는 '아이콘'을 그대로 사용하겠습니다.

〈그림 6〉 도상의 다른 예들

<그림 6>의 화장실 남녀를 구분하는 그림은 기표인 그림 자체가 각 기표가 나타내는 기의인 남자와 여자의 실제 모습과 닮아있기 때문에 도상이 됩니다. 그리고 스포츠를 나타내는 그림도 기표인 그림 자체가 각 기표가 나타내는 기의인 수상스키(water ski), 수영(swimming), 승마(horse-riding)를 하는 실제의 모습과 닮았기 때문에 도상이 됩니다.

둘째, 상징에 대해 알아봅시다. 상징은 기표가 나타내는 기의를 약속으로 정하는 것입니다. 상징은 기표와 기의의 관계에는 반드시 그렇게 되어야할 이유가 없고 단지 약속에 의한 것이기 때문에 자의적(arbitrary)입니다. 아래 상징의 예를 살펴볼까요? 아래 그림에 제시된 장미, 부엉이, 비둘기는 각각 어떤 의미를 지닐까요?

〈그림 7〉 상징의 예

장미는 사랑(love)을, 비둘기는 평화(peace)를, 부엉이는 지혜(wisdom)를 의미합니다. 그런데 장미가 사랑을 닮거나, 부엉이가 지혜를 닮거나, 비둘기가 평화를 닮았다고 볼 수는 없습니다. 기표가 나타내는 기의를 지니게 된 것은 반드시 그렇게 되어야할 이유가 있다기보다는 같은 문화에 속한 사람들 간의 약속으로 이루어진 것입니다.

만약 국화를 사랑의 의미라고 약속을 했다면 장미 대신에 국화가 사랑의 의미로 사용되었겠지요. 사랑을 고백할 때에도 장미 한 송이 대신에 국화 한 송이를 선물로 전달하게 되었겠지요. 평화의 상징이던 비둘기의 신세가 2009년부터 처량해졌습니다. 배설물로 인한 환경오염과 전염병에 대한 사람들의 원성으로 해로운 동물로 지정이 되었습니다. 비둘기의 신세가 처량해진 것은 필연적인 이유가 있다기보다는 약속에 의한 것으로 그 약속이 시대에 따라 변할 수 있기 때문입니다. 부엉이가 지혜를 의미한다는 사실을 잘 모르는 한국인들도 많습니다. 이 또한 필연적인 이유보다는 약속에 의한 것으로 그 약속을 모르는 경우는 기표가 나타내는 기의를 파악하기가 어렵기 때문이겠지요.

우리 주변에서 볼 수 있는 상징들에는 어떤 것이 있을까요? 아래 그림에 제시된 화폐의 종류를 나타내는 기호, 그리고 화장실 문에 붙어있는 안내판도 상징입니다.

〈그림 8〉 상징의 다른 예들

화폐의 종류인 달러(dollar)나 파운드(pound)를 나타내는 기표가 반드시 위의 그림처럼 될 필연적인 이유는 없습니다. 단지 약속에 의한 것입니다. 배변을 하는 장소를 영어로 'toilet', 한국어로 '화장실'이라고 표기하는 것도 아무런 필연적인 이유는 없습니다. 영어권 화자들은 'toilet'으로, 한국인 화자들은 '화장실'로 쓰기로 약속한 것이기 때문입니다. 만약 도상처럼 닮음이라는 필연적인 이유가 있다면 모든 언어에서 비슷한 형태의 기표를 사용하게 되었겠지요.

셋째, 마지막 종류의 기호인 지표에 대해 살펴봅시다. 지표는 바로 인접한 곳에 있는 것을 가리킬 때 사용하는 기호를 말합니다. 지표라는 용어의 영어 표현인 index도 인접한 것을 지시할 때 사용하는 검지(index finger)에서 유래된 것입니다. 아래의 그림을 살펴보세요.

<그림 9> 지표의 예

그림의 왼쪽에 위치한 방향을 가리키는 화살표 모양의 기호가 지표라는 것은 쉽게 알 수 있겠지요. 오른쪽의[4] 꿀벌이 춤추는 궤도도 지표에 해당됩니다. 마치 사람이 손가락으로 인접한 것을 가리키듯이 꿀벌의 춤은 인접한 곳에 꿀이 있는 꽃의 방향을 가리키기 때문입니다. 이렇게 인접성(contiguity)에 기초한 기호를 지표라고 부른답니다.

여기에서 한 가지 더 생각해볼 것은 인접성이란 개념입니다. 물론 위의 화살표 도로 표지판이나 꿀벌의 춤처럼 공간적으로 인접한 것을 가리킬 수도 있지만, 얼굴표정이나 동물의 울음소리처럼 (인접한) 마음의 상태를 가리킬 수도 있습니다.

〈그림 10〉 지표의 다른 예들

여성의 얼굴표정은 화가 난 마음의 상태를, 원숭이의 표정은 놀란 마음의 상태를, 돌고래의 울음소리는 상황에 따른 마음의 상태를 가리킵니다. 얼굴표정이나 울음소리도 가까운 곳에 있는 마음의 상태를 가리키는 것이기 때문에 지표라고 부를 수 있답니다.

지금까지의 논의를 정리하면 다음과 같습니다. 기호는 기표와 기

---

4) Harry R. Schwartz의 블로그.
https://harryrschwartz.com/2014/07/02/waggle-dancing.html

의로 구성됩니다. 아래 <표 1>에서처럼, 기표와 기의의 관계에 따라 세 종류의 기호로 나눌 수 있습니다. 도상은 기표와 기의 사이의 유사성에 기초하고, 지표는 기표와 기의 사이의 인접성에 기초합니다. 그리고 상징은 기표와 기의 사이에 필연적인 이유는 없고 단지 화자들끼리의 약속으로 이루어집니다.

<표 1> 기호의 종류와 기반이 되는 개념

기호의 종류	기반이 되는 개념
도상(icon)	유사성(similarity)
지표(index)	인접성(contiguity)
상징(symbol)	규약(convention)

0.2.2. 언어란?

언어의 자세한 특성에 대해서는 논의가 진행됨에 따라 자세히 살펴 볼 기회가 있을 것이므로, 여기서는 기호와 언어의 관계, 언어의 기본적인 기능에 대해 간략하게 살펴보고자 합니다.

0.2.2.1. 기호와 언어와의 관계

언어도 기호일까요? 네, 언어도 일종의 기호입니다. 예를 들어, 단어(word)나 문장(sentence)은 그것이 나타내는 의미(meaning)나 메시지(message)를 갖기 때문에 기호라고 할 수 있습니다. 언어도 단어와 문장과 같은 기표와 그것이 나타내는 기의—즉, 의미나 메시지—로 구성이 되기 때문에 기호라고 할 수 있습니다. 그렇다면 언어는 기호의 세 종류 중에서 어떤 기호에 해당될까요? 상징, 도상, 아니면 지표? 아마 상징이라고 답하는 독자들이 많을 것 같습니다. 사실 언어의 특성 중 상당부분은 상징입니다. 하지만 도상과 지표라고 부를만한 특성도 있답니다. 이런 특성에 대해서는 앞으로 살펴보게 될 것입니다.

0.2.2.2. 언어의 기능

언어는 왜 생겨나게 되었을까요? 언어는 화사(speaker)의 생각을 청자(hearer)에게 전달하기 위해 생겨났습니다. 처음에는 지금과 같은 복잡한 언어형태(linguistic form)는 아니었겠지만 (울음소리와 유사한 형태였을 수도 있는) 그것은 생각을 전달하기 위한 것이었을 것입니다. 언어는 본질적으로 의사소통(communication)을 위해 생겨난 것입니다. 다른 사람에게 생각을 전달하기 위해 단어나 문장의 형태로 나타나는 소리를 이용한 것입니다. 마치 물을 전달하기 위해 물을 물그릇에 담아 전달하듯이, 생각을 단어나 문장에 담아 전달하는 것입니다. 이처럼 단어나 문장과 같은 언어형식을 비유적으로 표현하면 '생각을 담는 그릇(container)'이라고 할 수 있습니다. 언어는 화자의 생각을 언어형식이라는 그릇에 담아 다른 사람에게 전달하는 것이라고 할 수 있습니다. 다른 말로 정리하자면, 언어는 생각을 담는 그릇으로, 또 의사소통의 도구로 기능을 합니다.

0.3. 기호, 언어 그리고 세상 이야기

총알배송으로 유명한 기업인 쿠팡(Coupang)이 어떻게 혁신을 이루어서 세계적인 혁신기업으로 선정이 되었을까요? 쿠팡의 혁신과 언어랑 무슨 상관이 있어서 여기에서 쿠팡을 이야기하는 것일까요?

<그림 11> 세계적인 혁신기업으로 선정된 쿠팡

쿠팡의 혁신과 맥을 같이하는 아이디어가 언어 속에 숨겨져 있습니다. 어떤 아이디어가 숨겨져 있을까요? 여기서 살펴본 개념들을 바탕으로 다음 이야기부터 기호와 언어를 통해 생각해볼 수 있는 다양한 세상 이야기를 12가지 주제로 나누어 살펴볼 것입니다.

1번째 이야기

닮음

1.1. 이모티콘 그리고 재미있는 것들

1.2. 언어에서의 닮음

    1.2.1. 기표와 기의의 닮음: 도상성 원리

    1.2.2. 기의들끼리의 닮음: 은유

    1.2.3. 소리의 닮음: 동음어와 동화

1.3. 닮음과 유행

1.1. 이모티콘 그리고 재미있는 것들

요즘 메신저에서 사용하는 이모티콘을 보면 참 재미있습니다. 메신저를 통한 지인들과의 대화에서 발견하게 되는 일부 이모티콘을 소개하면 아래와 같습니다.

〈그림 1〉 메신저에서 인기 있는 이모티콘

위의 오버액션 꼬마 토끼와 곰 이모티콘은 귀여우면서도 각각 부끄럽고, 행복하고, 편안하면서도 아늑한 느낌을 잘 표현하고 있습니다. 이모티콘이란 단어가 무슨 의미일까요? 이모티콘은 영어철자로는 'emoticon'입니다. 'emoticon'은 감정을 뜻하는 'emotion'과 아이콘의 'icon'을 합성한 단어입니다. 감정이나 느낌을 전달하기 위해 사용하는 아이콘이라는 뜻입니다. 그런데 왜 이런 이모티콘들이 인기가 있을까요? 이모티콘이 감정을 나타내는 우리의 얼굴표정이나 몸짓과 닮아있기 때문이겠지요.

인터넷에서 발견할 수 있는 닮은꼴 연예인과 동물의 사진을 보면서도 사람들은 미소를 짓습니다.

<그림 2> 닮은꼴 연예인과 동물 사진

사람들은 닮은 것을 보는 것뿐만 아니라 닮은 목소리를 듣는 것도 좋아합니다. TV방송 프로그램 중에서 '히든싱어'라는 프로그램이 있습니다. 사람들은 원조가수와 참가자의 음색과 창법이 서로 닮은 것을 듣고 신기해하고 즐거워합니다. 이렇듯 닮은 것을 보거나 듣는다는 것은 재미있는 일입니다. 아래에서는 닮음과 관련된 언어현상에는 어떤 것이 있는지 살펴보도록 하겠습니다.

1.2. 언어에서의 닮음

여기서는 언어에서 닮음 현상과 관련된 현상 중에서 세 가지—즉, 도상성 원리(Principle of Iconicity), 은유(metaphor), 동음어(homophone)—에 대해 살펴보겠습니다.

1.2.1. 기표와 기의의 닮음: 도상성 원리

앞서 기표와 기의가 서로 닮은 기호를 아이콘이라고 부른다는 것을 살펴보았습니다. 여기서는 기표와 기의가 서로 닮아있는 언어현상에 대해 살펴보도록 하겠습니다. 아이콘을 언어학에서는 '도상'이라고 하는데 도상과 같은 성격을 도상성(iconicity)이라고 부릅니다. 아래에서는 도상성의 3가지 원리—즉, 양(quantity)의 원리, 순서(sequential order)의 원리, 거리(distance)의 원리—에 대해 살펴보겠습니다.

1.2.1.1. 양의 원리

사회생활을 하다보면, 격식을 차려야할 때도 있고 그렇지 않은 때도 있습니다. 격의 없는 친구들을 만날 때는 티셔츠만 입고도 만날 수 있습니다. 하지만 격식을 차려야 하는 상황에서는 와이셔츠에 넥타이를 매고 정장을 입은 차림이 어울리겠지요. 친한 친구 사이에는 간단한 옷차림을 하고 격식을 차리는 상황에서는 제대로 차려입어야 하듯이, 우리가 말을 할 때노 격의 없는 진구들끼리는 짧게 표현하고, 격식을 차려야 하는 경우에는 길게 표현하는 경향이 있습니다. 아래 한국어의 예를 보세요.

(1) a. 앉아.

b. 앉으세요.

c. 앉아주세요.

d. 착석해 주시기 바랍니다.

격식을 차릴 필요가 없을수록 짧은 표현을, 격식을 차려야 할수록 긴 표현이 적합하겠지요. 말의 양이 많을수록 더 격식을 차린 표현이 되는 현상을 양의 원리라고 합니다.

이처럼 말의 양과 격식 차림의 양이 닮아있는 현상은 다른 언어에서도 일어나는 현상입니다. 여기서는 영어의 예를 살펴봅시다. 어떤 상황에서 어떤 표현을 사용하는 것이 적절할지 생각해보세요.

(2) a. Shut up.

　　b. Be quiet, please.

　　c. Your silence is cordially requested.

막역한 친구들 사이에는 (2a)를, 국회의사당과 같이 아주 격식을 차려야 하는 자리에서는 (2c)를, 중간 정도의 상황에서는 (2b)를 사용하는 것이 적절하겠지요.

1.2.1.2. 순서의 원리

한 문장에 배열된 단어의 순서는 어떤 의미를 지닐까요? 단어의 순서가 어떤 의미를 반영하는지 살펴보도록 하겠습니다. 아래의 예에서 '녹색'과 '문'의 상대적인 순서를 눈여겨보세요. (3a)에서는 '녹색'이 '문'보다 앞에 오는 반면, (3b)에서는 '녹색'이 '문'보다 뒤에 옵니다.

(3) a. 철수는 <u>녹색</u> <u>문</u>을 칠했다.
　　b. 철수는 <u>문</u>을 <u>녹색</u>으로 칠했다.

(3)이 묘사하는 사건을 기준으로 사건이 일어나기 전의 상황과 사건이 일어난 후의 상황으로 나눌 수 있습니다. 즉, 페인트를 칠하기 이전의 문의 상태와 이후의 문의 상태로 나누어서 생각해봅시다. (3a)는 칠하기 이전의 문 색깔이 녹색이란 의미이고, (3b)는 칠한 이후의 문 색깔이 녹색이란 의미입니다. 녹색이 문보다 앞에 온 것은 칠하기 이전의 문 색깔을, 녹색이 문보다 뒤에 오는 것은 칠한

이후의 문 색깔을 의미합니다. 따라서 말의 순서는 사건을 기준으로 전후로 나눈 상태의 순서를 닮았다고 할 수 있습니다.

이렇게 순서의 원리를 따르는 것은 다른 언어에서도 흔히 발견할 수 있는 현상입니다. 여기서는 영어의 예를 살펴보겠습니다. 아래의 예에서 'green'과 'door'의 상대적인 어순이 무엇을 의미하는지 생각해보세요.

(4) a. Bill painted the <u>green</u> <u>door</u>.

    b. Bill painted the <u>door</u> <u>green</u>.

'green'이 'door' 앞에 오는 (4a)는 칠하기 이전의 문 색깔을 나타내고, 'green'이 'door' 뒤에 오는 (4b)는 칠한 이후의 문 색깔을 나타냅니다.

1.2.1.3. 거리의 원리

어떤 개념을 나타내는 두 표현 사이에 또 다른 표현이 삽입되면 원래의 두 표현은 거리가 멀어진 것으로 볼 수 있습니다. 이런 언어표현의 거리가 무엇을 의미할까요? 아래 한국어의 예를 살펴봅시다. 아래의 예에서 (5b)는 (5a)에 비해 '또는'이라는 단어의 추가로 인해 '이 주'와 '삼 주'의 거리가 멀어지게 됩니다. 두 표현의 의미가 서로 어떻게 다른지 생각해보세요.

(5) a. 이삼 주

    b. 이 주 <u>또는</u> 삼 주

'이삼 주'는 14일에서 21일 사이의 어떤 기간도 모두 포함이 됩니다. 즉, 14, 15, 16, 17, 18, 19, 20, 21일 중 어떤 것도 의미할 수 있습니다. 반면 '이 주 또는 삼 주'는 14일이거나 21일만을 의미합니다. 14일과 21일 사이 거리가 있다는 것을 의미합니다. '또는'이라는 단어로 인한 언어적 거리가 곧 시간 사이의 거리와 닮은 것이라 할 수 있습니다. 거리의 원리란 단어와 같은 언어형식의 거리―즉, 기표―가 곧 그 언어형식이 나타내고자 하는 의미―즉, 기의―의 거리와 닮은 것을 말합니다.

   거리의 원리는 한국어뿐만 아니라 모든 언어에서 나타납니다. 여기서는 영어의 예를 살펴보겠습니다. 아래의 예에서 (6b)는 (6a)에 비해 'either'라는 단어로 인해 (물론 한국어처럼 'either'가 정확하게 두 표현 사이에 놓인 것은 아니지만) 'two weeks'와 'three weeks' 사이의 거리가 더 멀다고 할 수 있습니다. 이 언어적인 거리가 무엇을 의미하는 것일까요?

(6) a. two or three weeks

    b. <u>either</u> two or three weeks

(6a)는 (5a)처럼 14일과 21일 사이의 어떤 기간도 포함하는 의미인 반면, (6b)는 (5b)처럼 14일이거나 21일만 의미합니다. 영어도 한국어처럼 언어적 거리가 시간 사이의 거리와 닮았다고 할 수 있습

니다.

언어적 거리가 그 언어가 나타내는 의미에서의 거리와 닮은 또 다른 예를 살펴보겠습니다. 아래의 한국어와 영어의 예를 살펴보세요. (7b)와 (8b)는 (7a)와 (8a)에 비해 각각 '둘 다'와 'both'라는 표현으로 인해 언어적 거리가 더 멀다고 할 수 있습니다. 이 언어적 거리가 무엇을 의미할까요?

(7) a. John과 Mary가 결혼했다.

　　b. John과 Mary <u>둘 다</u> 결혼했다.

(8) a. John and Mary got married.

　　b. <u>Both</u> John and Mary got married.

(7a)와 (8a)는 신랑이 John이고 신부가 Mary가 되어 둘이 결혼을 하였다는 의미입니다. 반면 (7b)와 (8b)는 John은 Mary가 아닌 다른 여성과 Mary는 John이 아닌 다른 남성과 각자 결혼했다는 의미입니다. 즉, (7a)와 (8a)는 둘이 함께 결혼을 하니 한 번의 결혼식이 있었음을, (7b)와 (8b)는 각자 따로 결혼을 하여 두 번의 결혼식이 있었음을 암시합니다. '둘 다'와 'both' 같은 표현으로 인해 언어적 거리가 멀어진 것이 사건의 거리―즉, 두 개의 사건이 되는 것―와 닮았다고 할 수 있습니다.

거리의 원리가 적용되는 또 다른 예를 영어에서 찾아볼 수 있습니다. 아래의 예에서 (9a)는 'to'가 사용된 문장인 반면 (9b)에서는

'to'가 사용되지 않은 문장입니다. 다른 말로 하면, (9a)는 (9b)에 비해 'to'로 인해 언어적 거리가 멀다고 할 수 있습니다. 이 언어적 거리가 무엇을 의미할까요?

(9) a. I asked him <u>to</u> go.

b. I made him go.

위 두 문장의 의미적인 차이점이 무엇일까요? 내가 그에게 가라고 요청한 (9a)의 경우와 내가 그를 가게 만든 (9b)의 경우와 무슨 차이가 있을까요? (9b)에서 내가 그를 가게 만든 것이 사실이라면 그 사람이 갔다는 것을 암시합니다. 하지만 (9a)에서 내가 그에게 가라고 요청한 것이 사실이라도 그 사람이 갔다는 것은 암시되지 않습니다. 다른 말로 하면, 가도록 요청하는 것은 (그가) 가는 것과 (내가) 요청하는 것, 두 사건 사이의 시간적인 거리가 멀 수 있습니다. 하지만 가게 만드는 것은 (그가) 가는 것과 (내가) 만드는 것, 두 사건 사이의 시간적인 거리가 멀 수 없습니다. 'to'가 삽입되어 두 동사 사이의 거리가 멀어진 것과 사건 사이의 시간적인 거리가 멀어진 것이 서로 닮았습니다. 이처럼 언어의 문법장치들은 아무렇게나 이루어지는 것이 아니고 닮음, 즉 도상성 원리에 입각해서 이루어진답니다.

∞ ∞ ∞ ∞ ∞ ∞ ∞ ∞

❀ 순환논리(circular logic)

독자 여러분들 중에서 다수는 아마 학창시절 영어선생님으로부터 (9)에 대해 이런 설명을 들었을 것입니다. (9b)에서 'to' 없이 소위 원형동사 'go'만 사용하는 이유는 앞에 오는 동사 'make'가 사역동사(causative)이기 때문이라고.... (9a)의 동사 'ask'는 일반 동사라서 'to'가 사용되고.... 하지만 과연 앞에 사역동사가 오기 때문에 'to'가 빠지게 되었을까요? 그렇다면 어떤 동사가 사역동사가 되는지는 어떻게 알 수 있을까요? 이런 사역구문(causative construction)에서 뒤에 원형동사가 따라 오는 것을 사역동사라고 부르면 될까요? 앞에 사역동사가 사용되었기 때문에 뒤에 따라오는 동사가 원형동사가 되고, 또 사역동사인지의 여부는 뒤에 따라오는 동사의 특성—즉, to와 함께 사용되는지의 여부—에 따라 결정되고.... 이런 것을 '순환논리'에 빠졌다고 합니다. 이런 설명은 당연히 바람직한 것이 아닙니다.

행위에는 두 종류가 있습니다. 스스로 생각하고 그 생각을 스스로 행동으로 옮기는 일반적인 경우와 행위를 하는 사람과 그 행위가 일어나도록 시키는 사람이 따로 존재하는 경우입니다. 후자의 경우에 그 행위를 일어나도록 시키는 것을 나타내는 동사를 '사역동사'라 부릅니다. 그렇다면 위의 (5)에서 사용된 make와 ask는 모두 사역동사입니다. 둘 다 사역동사이지만 앞서 설명한 바와 같이 사건과 사건 사이의 시간적인 거리를 잘 나타내기 위해 'to' 사용과 관련된 문법이 달라진 것입니다.

생물시간에도 침엽수와 관련된 설명에서도 순환논리가 사용될 수 있습니다. 소나무 잎이 왜 뾰쪽한지를 묻는 학생들의 질문에 선생님이 대답합니다. 소나무 잎이 뾰쪽한 이유는 침엽수이기 때문이라고.... 과연 소나무가 침엽수라는 이름 때문에 잎이 뾰족해졌을까요? 아닙니다. 잎이 뾰족한 식물에 우리들이 침엽수라는 이름을 붙인 것이지요. 소나무가 잎이 뾰족한 이유는 침엽수이기 때문이고, 또 우리는 잎이 뾰족한 것을 침엽수라고 부르고.... 이런 설명을 통해 우리가 얻을 수 있는 것은 아무것도 없습니다. 아마 정확한 설명은 아닐지도 모르지만, 다음과 같은 설명이 필요하지 않을까요? 추운 환경에서도 살아남기 위해 식물은 두 가지 전략—즉, 활엽수 전략과 침엽수 전략—을 사용합니다. 활엽수 전략은 겨울에 잎을 떨어뜨리고 겨울잠(hibernation)을 자는 것이고 침엽수 전략은 표면적을 최소화해서 추위를 견디는 것입니다. (우리 인간들도 겨울이 되면 추위를 견디기 위해 일종의 침엽수 전략—예, 몸을 웅크리는 것—을 사용하지요.) 이처럼 추운 날씨에 살아남기 위해 잎이 뾰족해진 것이라는 설명이 더 좋은 대답이 되지 않을까요?

ⓓ ⓓ ⓓ ⓓ ⓓ ⓓ ⓓ

지금까지 기표와 기의가 닮은 언어현상들을 양의 원리, 순서의 원리 그리고 거리의 원리로 나누어 살펴보았습니다. 아래에서는 기의들끼리 닮은 언어현상에 대해 살펴보겠습니다.

1.2.2. 기의들끼리의 닮음: 은유

국민MC로 유명한 개그맨 유재석의 별명이 무엇인지 아나요? 네, '메뚜기'입니다. 그런데 왜 유재석을 '메뚜기'라고 부를까요? 메뚜기를 닮았기 때문입니다.

기표: 메뚜기

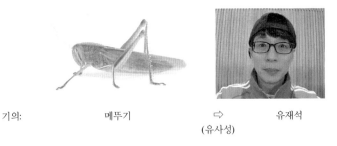

기의:　　　　　　　메뚜기　　　　⇨　　　　유재석
　　　　　　　　　　　　　　　　　　　(유사성)

<그림 3> 유재석과 메뚜기

'메뚜기'란 표현은 원래 왼쪽의 곤충을 지칭하는 단어입니다. '메뚜기'란 언어표현—즉, 기표—은 그것이 나타내는 실제의 의미—즉, 기의—와는 아무런 상관이 없습니다. 단지 그렇게 부르기로 약속한 것일 뿐입니다. 기의와 기표 사이에 필연적인 관계가 없기 때문에 한국어로는 '메뚜기', 영어로는 'grasshopper'처럼 전혀 다른 이름으로 불리게 된 것입니다. 하지만 '메뚜기'가 나타내는 기의들—즉, 여기서는 위 그림의 '곤충'과 '유재석'—끼리는 서로 닮았습니다. 원래 '메뚜기'는 위 그림의 '곤충'을 의미했고, '곤충'과 '유재석'이 닮았기 때문에 '메뚜기'가 곧 '유재석'을 의미하게 된 것입니다. 이처럼 기의들끼리 닮았기 때문에 하나의 언어표현으로 나타내는 것을 은유(metaphor)라고 합니다.

　아래에서는 어떤 닮은 점으로 인해 은유가 만들어지는지, 어떤 경험들로 인해 기의들끼리 닮았다고 판단하게 되는지, 은유가 일상생활에서 어떤 힘을 발휘하는지 살펴보도록 하겠습니다.

1.2.2.1. 무엇이 어떻게 닮았을까?

은유란 일상생활에서 워낙 자주 사용하다보니 모국어의 은유는 은유인지도 깨닫지 못하는 경우가 허다합니다. 여기서는 영어의 은유를 예로 들어보겠습니다. 아래 신발의 그림에서 'tongue (혀)'은 어떤 부분을 지칭하는 것일까요? 신발 끈 아래에서 시

<그림 4> 신발의 혀(tongue)

작되어 신발 밖으로 나와 있는 부분을 'tongue'이라고 부릅니다. 혀가 입속에 있으면서 말랑말랑하여 잘 움직이며 입 밖으로도 내밀 수 있듯이, 신발의 이 부분도 신발 속에 있으면서 말랑하게 잘 움직이며 신발 밖으로 내밀 수 있다는 점에서 닮았습니다. 이런 기의들끼리의 닮음으로 인해 'tongue'이라는 하나의 표현을 사용하는 것입니다.

'tongue'의 예처럼 구조적인 측면이 닮을 수도 있지만, 기능적인 측면이 닮을 수도 있습니다. '핵우산(unclear umbrella)'이란 표현이 있습니다. "미국은 한국에 핵우산을 제공하고 있다."처럼 사용을 합니다. 비가 올 때 사용하는 우산과 핵우산은 구조적인 측면에서는 닮은 점이 하나도 없습니다. 하지만 기능적인 측면에서 보면 닮은 점이 있습니다. 우산이 비로부터 우리를 보호해주듯이 핵우산은 핵으로부터 우리를 보호해준다는 점에서 우산과 핵우산은 서로 닮았습니다.

닮았다고 판단하는 것이 경우에 따라 달라질 수 있듯이 문화나 언어에 따라 다른 은유를 사용하는 경우도 발생합니다. 시계의 예를 살펴보도록 하겠습니다. 아래 그림에서 시(hour)나 분(minute)을

가리키는 시계의 부품을 한국어와 영어로는 각각 무엇이라고 부르나요?

<그림 5> 시계의 '침'과 'hand'

이 부품들을 한국어로는 '시침'과 '분침'이라고 하고, 영어로는 'hour hand'와 'minute hand'라고 부릅니다. 우리는 왜 '침'이라고 하는데, 영어로는 'hand'라고 할까요? 한국인과 영어화자들의 닮음에 대해 다른 생각을 갖고 있기 때문입니다. 시계의 부품에 대한 이름이 필요할 때 한국인들은 동양의 침술덕분에 주위에서 흔히 볼 수 있는 침(needle)과 모양이 닮았다고 판단하고 '침'이라고 부르게 된 것이겠죠. 반면에 영어화자들에게는 일상화되지 않은 침보다는 그 시계 부속품의 기능을 생각했을 때 무엇을 가리킬 때 사용하는 손의 기능과 닮았다고 판단하고 'hand'라고 부르게 된 것입니다. 닮음에 대한 판단은 이처럼 상대적인 것입니다. 다르게 표현하면, 문화에 따라 닮음에 대한 기준은 달라질 수 있습니다.

위에서 지금까지 살펴본 은유처럼 물체(object)가 서로 닮을 수도 있지만 행위(action)나 사건(event)이 서로 닮을 수도 있습니다. 이제 행위가 닮은 은유에 대해 살펴보겠습니다. 아래의 예에서 'look back'이 어떤 의미로 사용되었을까요?

(10) a. He <u>looked back</u> to her.

　　 b. He <u>looked back</u> on his childhood.

'look back'이 (10a)에서는 '뒤돌아 보다'의 의미이고, (10b)에서는 '회상하다'의 의미입니다. 이 두 가지 의미가 어떤 점에서 닮았기 때문에 하나의 언어표현을 사용할까요?

<그림 6> 공간과 시간이 닮은 은유의 예: look back

우리가 길을 걷듯이 인생이라는 길을 걷는다고 생각해보세요. 인생의 길에서 앞은 미래를 의미하는 것이고, 인생의 길에서 뒤는 과거를 의미하겠지요. 인생의 길에서 뒤를 돌아본다는 것은 과거를 바라보는 것 또는 과거를 회상하는 것을 의미하겠지요. 이처럼 공간의 앞뒤 개념과 시간의 앞뒤 개념을 서로 닮은 것으로 생각하고 같은 은유를 사용한 것입니다.

사실은 영어만 'look back'이란 공간적인 표현을 시간적인 개념에 적용하여 은유적으로 사용하는 것이 아닙니다. 한국어에서도 똑같은 은유를 사용합니다. 아래의 한국어 예를 보세요.

(11) a. 누가 왔는지 <u>뒤돌아보세요</u>.

 b. 즐겁게 뛰어놀던 어린 시절을 <u>뒤돌아보세요</u>.

공간개념과 시간개념을 닮은 것으로 보고 '뒤돌아보다'라는 하나의 표현을 사용하였습니다.

 ☞ 영어선생님들이 굳이 (10b)의 'look back'을 '회상하다'라고 가르치는 이유를 잘 모르겠습니다. 우리말이나 영어나 동일한 은유를 사용하기 때문에 그냥 '뒤돌아보다'라고 가르치면 훨씬 이해하기 쉬울 텐데.... 이와 관련된 논의는 의미적 투명성(semantic transparency)이라는 주제로 세 번째 이야기에서 다루어질 것입니다.

 이제 은유가 하나의 표현에만 해당되는 것이 아니라, 두개의 개념이 서로 닮아있는 경우 그 개념과 관련된 다양한 표현을 두 개념이 공유하는 은유를 살펴보도록 하겠습니다. 아래의 예에서 밑줄 친 표현은 모두 은유표현입니다. 무슨 개념과 무슨 개념이 서로 닮은 것일까요?

(12) a. I don't <u>have</u> the time to <u>give</u> you.

 b. You are <u>wasting</u> my time.

 c. I've <u>invested</u> a lot of time in her.

d. That flat tire <u>cost</u> me an hour.[1]

e. This gadget will <u>save</u> you hours.

밑줄 친 표현은 다양하지만 모두 '시간(time)'에 대해 이야기한 것입니다. 시간을 갖고, 시간을 주고, 시간을 허비하고, 시간을 투자하고, 한 시간의 비용이 들고, 시간을 절약한다고 하였습니다. 그런데 가만히 생각해보세요. 시간은 우리가 결코 소유(have)할 수 없습니다. 소유할 수 없는 것을 어떻게 줄(give) 수가 있을까요? 위의 표현들은 현실적으로는 모두 불가능한 것들입니다. 그런데 어떻게 이런 표현이 가능할까요? 그것은 바로 시간이 다른 무엇과 닮았기 때문입니다.

　시간이 무엇과 닮았을까요? 시간은 돈(money)과 닮았습니다. 시간이나 돈 둘 다 현대 생활을 살아가는데 매우 소중하고, 많을수록 좋지만 무한정 가질 수는 없다는 점에서 닮았습니다. 이런 닮은 점 때문에 "시간은 돈이다"라는 은유가 발생한 것입니다. 이 때 '시간'처럼 이야기하고자 하는 개념을 목표개념(target concept)이라 하고, '돈'처럼 언어표현이 원래 나타내는 개념을 근원개념(source)이라고 합니다.

(13) Time　　=　　Money

　　 목표개념　　　근원개념

---

[1] 펑크 난 타이어를 수리하는데 $10의 비용이 들듯이, 타이어를 수리하는 데는 1시간이 걸린다는 것을 빗대어 표현한 은유입니다.

☞ 일상에서 우리는 '시간'과 '돈'이 닮았다는 생각을 강화하는 경험을 합니다. 예를 들어, 일한 시간만큼 돈을 벌고, 전화도 사용한 시간만큼 돈을 지불해야하는 등, 시간이 곧 돈이 되는 경험을 통해 우리는 "시간은 돈이다"라는 생각을 강화하게 됩니다. 이렇게 은유의 생각을 뒷받침하는 것을 경험적 기초(experiential basis)라고 부릅니다.

☞ 시간과 돈의 닮은 점으로 인해 돈을 얘기할 때 사용하는 표현으로써 시간에 대해 이야기를 하는 것입니다. 만약 우리 인간에게 닮은 점을 파악할 능력이 없어서 은유가 없다면, 우리는 결코 시간과 같은 추상개념에 대해서는 얘기할 수 없었을지도 모릅니다.

목표개념과 근원개념이라는 용어를 사용하여 앞서 살펴본 '시침'과 'hour hand'에 대해 얘기해볼까요? 시계의 특정 부품이라는 동일한 목표개념을 한국어로는 '침'이라고 하고 영어로는 'hand'라고 하여 서로 다른 근원개념을 이용한 것입니다. 동일한 목표개념을 언어에 따라 다른 근원개념을 사용할 수 있다는 것을 알 수 있습니다. 은유란 단지 언어표현의 문제가 아니라 은유에 사용된 근원개념을 파악함으로써 우리의 (근본적인) 사고방식을 이해할 수도 있습니다. 아래의 한국어와 영어표현을 살펴봅시다.

(14) a. 할아버지께서 <u>돌아가셨습니다</u>.

     b. His grandfather <u>passed away</u>.

(14a)의 '돌아가시다'와 (14b)의 'pass away' 두 표현 모두 '죽음'

을 나타냅니다. 즉, '죽음'이 목표개념입니다. 그런데 근원개념은 서로 다릅니다. '돌아가다'를 영어로 옮기면 'go back'이 되는데, 'go back'이란 말이 무엇을 의미할까요? 그리고 영어로는 왜 "His grandfather went back."이라고 하지 않을까요? 한국문화에서는 윤회사상(samsara; the eternal cycle of birth)으로 인해 삶과 죽음이 윤회하는 것으로 생각합니다. 이 삶과 죽음의 윤회는 마치 우리가 집을 떠났다가 다시 집으로 돌아가는 여정과 닮았습니다. 따라서 집으로 돌아가는 여정을 근원개념으로 사용한 것입니다. 반면, 영어권 문화에서는 기독교(Christianity)의 영향으로 사람들이 세상에 태어나서 삶을 살다가 천국이나 지옥과 같은 다른 사후세계로 간다고 생각합니다. (기독교의 세계관에는 윤회는 없습니다.) 이런 기독교의 세계관으로 인해 죽음이라는 목표개념을 나타내기 위해 이곳을 지나쳐서 먼 다른 곳으로 가는 여정을 근원개념으로 사용한 것입니다. 우리는 은유를 통해 문화에 따른 다른 세계관을 이해할 수 있습니다. 더 나아가서는 은유를 사용하는 사람들의 가치관을 엿볼수도 있습니다. 은유 속에 세계관이나 가치관이 말하는 사람들 몰래 은밀하게 숨겨지기 때문입니다.

☞ '돌아가시다'와 같은 윤회사상이 담긴 은유는 어떤 경험적 기초가 있을까요? 7번째 이야기에서 자세히 살펴보겠지만, 동양사회는 자연을 중요시 여깁니다. 자연을 관찰하다보면 삶과 죽음이 반복되는 현상을 쉽게 발견할 수 있습니다. 나무들이 겨울이 되면 나뭇잎을 떨구어 죽고, 봄이 되면 소생하여 파릇파릇한 새싹을 틔웁니다. 자연의 일부인 사람도 삶과 죽음을 반복할 것이라는 생각으로 발달하게 된 경험적 기초가 된 것으로 보입니다.

1.2.2.2. 은유의 힘

닮음으로 인해 생긴 은유는 일상생활에 많은 영향을 미칩니다. 은유의 힘이 강하기 때문입니다. 은유를 잘 사용하면 상대방을 쉽게 설득할 수도 있지만, 은유를 잘못 사용하면 상대방에게 평생 잊지 못할 상처를 줄 수도 있습니다.

먼저 설득의 도구로 사용되는 은유의 예를 살펴보겠습니다. 예전에 어느 국립 대학교에서 논쟁이 있었습니다. 대학의 주요 주체인 교수, 직원, 학생 중에서 누가 주인인가 하는 문제였습니다. 여러분의 생각은 누가 주인일까요? 어떻게 다른 주체를 설득할 수 있을까요? 여러 주장들 중에는 흥미로운 은유가 있었습니다. 가정에는 가장인 아버지, 살림을 사는 어머니, 그리고 부모의 도움으로 성장해서 미래의 주인공이 될 자녀들이 있습니다. 가정에 서로의 의견이 달라 합의할 수 없는 문제가 생겼습니다. 이런 상황에서 누구의 의견을 따라야할까요? 가장인 아버지의 의견을 존중하고 따르는 것이 바람직하지 않을까요? 학교에서 세 주체 간에 의견이 서로 맞지 않는 상황입니다. 이런 상황에서 누구의 의견을 존중하고 따라가는 것이 바람직할까요? 이런 은유에는 묘한 설득의 힘이 있습니다. 이처럼 어떤 은유를 사용하느냐에 따라 자기의 주장을 관철시킬 수도 있는 힘이 있습니다.

은유가 설득의 힘을 넘어서 믿음의 경지까지 이르게 할 수도 있습니다. 믿음의 경지까지 이르게 하는 예를 소위 방향은유(orientational metaphor)라고 불리는 은유를 통해서 살펴보도록 하겠습니다. 방향

은유란 '위'나 '아래'와 같은 방향개념을 근원개념으로 사용하는 은유를 말합니다. '위/아래'의 개념은 아래의 예에서 보듯이 매우 다양한 목표개념을 나타냅니다. 위쪽으로 향하는 표현은 '행복, 건강, 삶, 많음, 지배, 높은 지위' 등을 나타내는 반면, 아래로 향하는 표현은 반대의 개념인 '슬픔, 아픔, 죽음, 적음, 피지배, 낮은 지위' 등을 나타냅니다.

(15) a. I am feeling <u>up</u>.   (행복)
    (<u>날아갈</u> 듯이 기분이 좋다)

   b. I am feeling <u>down</u>.   (슬픔)
    (기분이 <u>쳐진다</u>)

(16) a. He is at the <u>peak</u> of health.   (건강)
    (건강의 <u>최정상</u>에 있다)

   b. He came <u>down</u> with the flue.   (아픔)
    (독감으로 <u>몸져눕다</u>)

(17) a. Lazarus <u>rose</u> from the dead.   (삶)
    (죽음에서 <u>일어났다</u>)

   b. He <u>dropped</u> dead.   (죽음)
    (죽음의 나락으로 <u>떨어졌다</u>)

(18) a. His income <u>rose</u> last year.   (많음)
    (봉급이 <u>올랐다</u>)

   b. His income <u>fell</u> last year.   (적음)
    (봉급이 <u>내려갔다</u>)

(19) a. I have a control <u>over</u> her.　　　　(지배)

　　　(<u>상관</u>이다)

　　b. He is <u>under</u> my control.　　　　(피지배)

　　　(<u>지배하</u>에 있다)

(20) a. She rose to the <u>top</u>.　　　　(높은 지위)

　　　(최고의 자리로 <u>승진했다</u>)

　　b. He is at the <u>bottom</u> of the social hierarchy.

　　　(<u>밑바닥</u> 인생이다)　　　　(낮은 지위)

위의 은유를 사용하는 데에는 다음과 같은 우리의 경험적 기초가 있습니다. 행복하거나 건강하거나 살아있는 경우에는 사람들이 일어나서 돌아다니기 때문에 서있는(up) 자세가 되는 반면, 슬프거나 아프거나 죽으면 사람들의 몸 상태가 앉거나 눕는 등 낮은(down) 자세가 됩니다. 그리고 예를 들어, 책을 보관할 때 공간 절약을 위해 한 곳에 둔다면 책이 많을수록 책을 쌓으려고 위쪽으로(up) 더 올라가는 경험을 합니다. 반대로 책의 숫자가 적을수록 책이 아래로(down) 더 내려갑니다. 일반적으로 덩치가 큰(up) 동물일수록 지배자가 되고 덩치가 작은(down) 동물일수록 피지배자가 되는 경험을 합니다. 높은(up) 지위에 있는 사람은 일을 시키고 지배하는 쪽이고 낮은(down) 지위에 있는 사람은 지배를 당하는 쪽이라는 것을 경험을 통해 알게 됩니다.

이러한 경험적 기초가 위의 예 (15-20)에서 살펴본 각 은유—예, "행복은 up이다"와 "슬픔은 down이다"—를 만들어 냅니다. 그런데 이런 은유들이 모여서 우리의 믿음을 만들어냅니다. 위의 은유를 다시 한 번 살펴봅시다. up으로 표현되는 것은 '행복, 건강, 삶, 많음, 지배, 높은 지위'인 반면, down으로 표현되는 것은 '슬픔, 아픔, 죽음, 적음, 피지배, 낮은 지위'입니다. up으로 표현되는 것들은 모두 좋은 것들인 반면, down으로 표현되는 것들은 모두 나쁜 것들입니다. 이런 이유로 인해서 아래와 같은 새로운 은유가 생겨나게 됩니다.

(21) a. He does a <u>high</u>-quality work.   (좋은 것)
         (<u>고급</u> 일/질 <u>높은</u> 일)
     b. He does a <u>low</u>-quality work.   (나쁜 것)
         (<u>저급</u>한 일/질 <u>낮은</u> 일)

이제 이런 은유가 어떻게 믿음을 만드는지 살펴보겠습니다. 원시 종교에서는 선악(good and evil)의 개념이 없었습니다. 독일의 철학자 니체에게도 영향을 미친 페르시아의 종교 개혁가(창시자)인 조로아스터(Zoroaster)—우리에게는 자라투스트라(Zarathustra)로 더 알려진 인물—에 의해 '선'과 '악'의 이분법적인 개념이 확립되고 이런 개념들이 이웃하는 지역의 종교로 전파됩니다. 기독교에서도 이 영향을 받아 천국과 지옥의 개념이 생겨납니다. 그런데 천국은 하늘에 있고, 지옥은 지하세계에 있다는 믿음은 어디에서 비롯된 것일까요? 바로 앞서 살펴본 은유에서 비롯된 것입니다. 천국은 좋은 것이니까 위쪽에 위치해야하고 지옥은 나쁜 것이니까 아래쪽에 위치해 있어야겠지요. 이런 믿음은 불교와 그리스로마 신화에서도 적용이 됩니다. 우리의 일상적인 경험이 은유를 만들고, 그런 은유들이 모여서 믿음을 만듭니다. 은유의 힘은 이렇게 강합니다.

이제 잘못된 은유의 사용으로 상대방에게 마음의 상처를 주는 경우를 살펴보겠습니다. 예전에 어떤 정당이 선거의 실패로 당이 두개로 쪼개질 위기에 처한 적이 있었습니다. 한 그룹은 분당을 원했고 다른 그룹은 분당에 반대하였습니다. 그 당시 분당에 반대한 그룹의 대변인이 다음과 같은 은유를 사용하였습니다. 항해하던 배가 난초에 부딪혀 침몰하게 되면 쥐들이 가장 먼저 알고 배를 떠난다고…. 그 대변인은 동물들이 환경의 변화에 사람들보다 더 민첩하게 대처하는 것을 빗대어 표현한 것이지요. 하지만 그 은유를 들은 반대 그룹의 사람들은 그 대변인이 자기들을 보고 쥐라고 했다면서 분개하고 갈등의 골은 되돌릴 수 없을 정도로 깊어졌습니다. "말 한마디로 천 냥 빚도 갚는다."라는 속담이 있습니다. 어떤 은유를 사용하느냐에 따라 상대의 마음을 얻을 수도 있고, 상대에게 깊은 상처를 남길 수도 있습니다.

지금까지 기의들끼리 서로 닮은 현상인 은유에 대해 살펴보았습니다. 아래에서는 소리가 닮은 현상에 대해 살펴보겠습니다.

1.2.3. 소리의 닮음: 동음어와 동화

소리가 서로 닮은 언어현상에는 어떤 것이 있으며 이런 닮은 소리를 우리는 일상생활에서 어떻게 이용하는지 또는 닮은 소리가 우리에게 어떤 영향을 미치는지 살펴보겠습니다. 소리가 서로 닮아있는 단어를 동음어(homophone)라고 부릅니다. 아래 한국어와 영어의 예를 살펴봅시다.

(22) 눈 ① eye

   ② snow

(23) bat ① (야구) 방망이

   ② 박쥐

한국어에서 'eye'의 뜻을 지닌 '눈'과 'snow'의 뜻을 지닌 '눈'은 발음이 같습니다. 영어에서 '방망이'의 뜻을 지닌 'bat'과 '박쥐'의 뜻을 지닌 'bat'이 발음이 같습니다. 한국어와 영어에서 '눈'과 'bat'은 동음어가 됩니다. 이런 동음어가 일상생활에서 어떻게 사용되는지 아래에서 살펴보도록 합시다.

첫째, 동음어는 소위 '아재개그'라 부르는 말장난(pun)에 자주 이용됩니다. 인터넷 상에 떠도는 아재개그의 예를 살펴봅시다. 밑줄 친 표현의 의미를 잘 생각하면, 쓴(?) 웃음이 나올 수도 있습니다.

(24) Q: 발이 두 개 달린 소는?
   A: 이발소.

(25) Q: 정삼각형 동생의 이름은?
   A: 정삼각.

(25)에서 질문자의 '소'는 'cow'를, 응답자의 '소'는 'place'를 의미합니다. (26)에서 '형'은 'shape'과 'older brother'를 의미할 수 있습니다. 웃음을 유발하는 근본적인 요인은 'cow'를 뜻하는 '소'와

'place'를 뜻하는 '소'가 닮아있고, 또 'shape'을 뜻하는 '형'과 'older brother'를 뜻하는 '형'이 닮아있기 때문입니다. 일전에 이런 정치개그가 있었습니다. 어떤 사람이 사과(apology)를 요구하니까, 상대방이 사과(apple)를 보낸 일이 실제로 있었습니다. 웃어야할지 울어야할지?!

영어에도 닮은 발음을 이용한 개그가 있습니다. 아래의 예를 보세요.

(26) Q: Why did the pony have a sore throat?
     A: Because it was a little <u>horse (hoarse)</u>.

(27) Q: What flowers have <u>two lips</u>?
     A: <u>Tulips</u>.

(26)에서 유머는 '말'이라는 뜻의 'horse'와 '목이 쉰'이란 뜻의 'hoarse'의 발음이 같은 데에서 비롯됩니다. (27)에서는 'two lips'와 'tulips'의 발음이 유사한 것에서 웃음이 나옵니다.

둘째, 동음어는 방송 프로그램 이름이나 광고에도 종종 사용됩니다. 아래의 예에서 밑줄 친 표현에 주의해서 보세요.

(28) a. Let<u>미인</u>
     b. Car <u>4</u> You

(28a)는 외모에 대한 콤플렉스 때문에 주류사회에 들어가지 못하는 사람들을 성형을 통해 주류사회로 들어오게 하는 프로그램의 이름입니다. 그 이름이 흥미로운 이유는 "더 이상 소외받지 않고 사회로 들어갈게요."의 뜻을 지닌 'Let me in'과 '아름다운 사람'을 뜻하는 '미인'의 닮은 발음을 이용한 것 때문이겠지요. (28b) 자동차 관련회사의 이름으로 'for'와 'four'의 발음이 같은 것을 이용하였습니다. 뜻으로 보면 'Car for You'가 맞겠지만 'for' 대신에 같은 발음을 지닌 '4(four)'로 바꾸어 씀으로서 색다르게 보이도록 한 것입니다.

∞ ∞ ∞ ∞ ∞ ∞ ∞ ∞

❀ 대체철자(alternate spelling) 기법: 광고

광고에서 (정보전달에 문제가 없는 범위 내에서) 철자를 바꾸어 쓰는 기법이 종종 사용됩니다. 대체철자 기법을 사용하는 이유는 익숙한 것은 관심을 끌 수 없기 때문에 색다르게 보이게 함으로써 소비자의 관심을 끌기 위한 것입니다. 위의 (28b)도 대체철자의 전형적인 예입니다. 대체철자의 몇몇 다른 예는 다음과 같습니다.

(29) a. Lite (for Light)

b. Brite (for Bright)

c. I♥NY

위 (29c)도 'I love New York'을 뜻하는 것으로 'love'를 '♥'로 바꾸어 쓴 대체철자로 볼 수 있습니다.

최근 서울시에서 아래와 같은 도시 홍보용 문구를 만들었습니다. 아마 New York의 (29c)와 같은 것을 원했던 것 같습니다.

(30) I·**SEOUL·**U

'You' 대신에 'U'를 사용하는 대체철자 기법을 이용하긴 하였는데, 정보전달에 문제가 없는지 생각해봐야 할 것 같습니다. 이 로고가 우리에게 어떤 메시지를 전달하는지 쉽게 이해하기가 힘듭니다. New York시의 로고처럼 널리 사랑을 받을 수 있을지 의문이 듭니다. 여러분의 생각은 어떠세요?

∞ ∞ ∞ ∞ ∞ ∞ ∞ ∞

셋째, 동음어는 우리의 행동양식에도 영향을 미칩니다. 병원과 같은 건물 가운데는 간혹 4층이 없는 건물이 있습니다. 3층과 5층은 있는데 4층이 없다니.... 왜 그럴까요? '사 층'이라고 할 때 '사'가 '4'를 의미할 수도, '죽음'을 의미할 수도 있는 동음어이기 때문입니다. 죽음을 의미하는 표현을 피하고 싶은 마음에서 동음어인 '사(4)'도 기피하고 싶은 마음이 드는 것이지요. 또 다른 예를 들어보겠습니다. 시험 치는 날 아침에 '미역국'을 잘 먹지 않습니다. '미역국'을 먹으면 시험에서 '미끄러질' 수 있다는 생각에서.... '미역국'이 '미끄러지다'의 발음을 닮았기 때문에 시험 당일 '미역국'을 금기시하는 것이지요. 이처럼 동음어가 우리의 행동양식에 영향을 끼친답니다.

지금까지 언어의 닮음 현상에 대해 살펴보았습니다. 닮음과 관련된 사회현상에 대해 살펴보고 이번 이야기를 마치고자 합니다.

1.3. 닮음과 유행

우리는 닮은 것에 흥미를 느끼고, 서로 닮아 가기도 합니다. 여기서 닮음과 유행에 대해 살펴보고자 합니다. 여기서는 다음과 같은 질문을 살펴보겠습니다. 아이돌의 노래나 춤을 따라하고 싶어지는 이유는? 광고에 유명인이 등장하는 이유는? 본격적으로 이 질문에 대해 살펴보기 전에, Nicolelis(2018)의 원숭이를 상대로 한 실험을 소개하고자 합니다.[2)

Nicolelis(2018)는 두 마리의 원숭이를 상대로 뇌가 어떻게 반응하는지 실험을 하였습니다. 한 마리의 원숭이에게 먹이에 다가가도록 하고, 다른 한 마리의 원숭이는 그것을 지켜보도록 하였습니다. 그리고는 두 마리의 원숭이의 뇌가 어떻게 반응하는지를 관찰하였습니다. 흥미로운 것은 먹이에 다가가는 원숭이뿐만 아니라 지켜보고 있던 원숭이의 뇌에서도 같은 방식의 반응을 보였다는 것입니다. 여기서 더 흥미로운 것은 원숭이의 사회적 지위나 계급에 따라 뇌의 반응 정도가 달라진다는 것입니다. 계급이 높은 원숭이가 먹이에 다가갈 때, 지켜보던 계급이 낮은 원숭이의 뇌에는 먹이에 다가가는 원숭이의 뇌에서와 같은 정도로 반응이 있었습니다. 하지만 계급이

---

2) Duke Health 홈페이지의 'Monkeys' Brains Synchronize As They Collaborate To Perform A Motor Task'.
https://corporate.dukehealth.org/news-listing/monkeys-brains-synchronize-they-collaborate-perform-motor-task

낮은 원숭이가 먹이게 다가갈 때, 지켜보던 계급이 높은 원숭이의 뇌에서는 그런 정도의 반응은 없었습니다. 동물의 계급이 원숭이의 사회 행동에 영향을 미친다는 얘기입니다. 동물들이 계급이 더 높은 동물의 행동을 따라하고 싶어 한다는 의미이기도 합니다.

좋아하는 아이돌이 춤을 추면서 노래를 하면 시청하는 우리의 뇌에도 그들과 같은 방식으로 반응이 나타납니다. 어린 시절, 존경하는 선생님의 모습을 흉내 내기도 하고, 좋아하는 가수의 노래나 춤을 따라 하기도 합니다. 유행(fashion)이란 것은 대중의 다수가 닮고 싶어서 따라 하는 현상이 아닐까요? 롤 모델(role model)을 정하는 이유도 그 사람을 닮으려고 노력하다보면 그 사람과 같은 훌륭한 사람이 될 것이라는 믿음 때문이겠지요. 여러분들이 누군가의 롤 모델이 되려면 우선 사회적 지위가 높거나 존경의 대상이 되어야 합니다. 화장품이나 의류 등의 광고에 예쁜 연예인을 등장시키는 이유도 소비자들로 하여금 그들을 닮고 싶은 충동을 자극하여 상품 판매에 유리하도록 만들기 위한 것입니다.

2번째 이야기

가까움

2.1. 이웃사촌과 후광효과

2.2. 언어에서의 가까움

    2.2.1. 가까운 소리의 영향: 동화

    2.2.2. 기의들끼리의 가까움: 환유

    2.2.3. 기표와 기의의 가까움: 지표성 원리

2.3. 다양한 관점

2.1. 이웃사촌과 후광효과

'이웃사촌'이란 말이 있습니다. 이웃에 살면서 서로 정이 들어 사촌과 다름없다는 뜻입니다. 가까이 살면서 함께 부대끼고 웃고 울다보면 서로 정이 들겠지요. 정이 든 이웃들은 친척만큼이나 가깝고 소중하다는 것을 나타내주는 말이라고 하겠습니다.

심리학에 '후광효과(halo effect)'라는 용어가 있습니다. 후광이란 원래는 성화에서 성인의 머리 둘레에 표현하는 둥근 모양의 금빛 광채를 말하는 것으로, 이 후광으로 인해 그림 속의 인물이 성인임을 알 수 있도록 한 것입니다. 이런 후광의 개념을 이용하여, 한 특성이 그 대상의 다른 세부 특성을 평가하는 데에도 영향을 미치는 현상을 후광효과라 부릅니다. 외모가 잘 생겼으면 모범생이거나 똑똑할 것으로 판단하는 것이 후광효과의 예입니다.

그런데 우리는 어떤 친구와 어울릴 때 후광효과를 볼 수 있을까요? 즉, 내가 주변 사람들로부터 좋은 평가를 받기 위해서 어떤 친구들과 어울리는 것이 유리할까요? 날라리 같은 친구들과 어울리는 것이 유리할까요? 아니면 성실하고 공부를 열심히 하는 친구들과 어울리는 것이 유리할까요? 날라리 같은 친구들과 어울리면 단기적인 관점에서는 유리할 수 있습니다. 상대적으로 어울리는 친구들에 비해 내가 더 착하고 성실하게 보이는데 성공할 수 있기 때문입니다. 하지만 장기적인 관점에서 보면 성실하고 공부를 열심히 하는 친구들과 어울리는 것이 유리합니다. 그런 친구들과 어울리면 후광효과로 인해 그 그룹에 속한 모든 친구들이 다 성실하고 공부를 열심히 하는 사람으로 판단하기 때문입니다. 아이돌 그룹 중에서 한두 명 정도는 외모, 노래, 춤 실력에서 떨어질 수 있지만, 그 그룹에 속한 다른 구성원의 특성으로 인해 후광효과를 보는 아이돌 가수도 있겠지요.

누구와 가까이 지내느냐는 것은 우리가 다른 사람들로부터 평가를 받을 때 중요한 요인이 됩니다. 이처럼 가까움이 사회생활에서 중요합니다. 아래에서는 언어에서 나타나는 가까움 현상에 대해 살펴보도록 하겠습니다.

2.2. 언어에서의 가까움

여기서는 언어에서 가까움 현상과 관련된 현상 중에서 세 가지— 즉, 동화(assimilation), 환유(metonymy), 지표성 원리(Principle of Indexicality)—에 대해 살펴보겠습니다.

2.2.1. 가까운 소리의 영향: 동화

여기서는 자음접변이라 불리는 동화(assimilation) 현상에 대해 살펴보겠습니다. 한 소리가 이웃한 소리의 영향을 받음으로 인하여 그 소리가 이웃한 소리의 성격을 닮아가는 음운현상을 동화라고 합니다. 아래의 예는 비음화(nasalization)라고 불리는 동화현상의 예입니다. 아래의 예에서 왼쪽에 제시된 것은 원래의 발음대로 적은 것이고 화살표의 오른쪽에 제시된 것은 비음화가 이루어져 소리 나는 대로 적은 것입니다.

(1) a. 듣는다. > 든는다.
    b. 잡는다. > 잠는다.
    c. international > innernational
    d. intermediate > innermediate

비음(nasal sound)이란 코로 공기가 빠져나가는 소리입니다. 비음에는 일반적으로 세 개의 소리―즉, ㅁ, ㅂ, ㅇ―가 있습니다. 비음이 아닌 소리는 모두 입으로 공기가 빠져나갑니다. (1)에서 '듣'이 '든'으로, '잡'이 '잠'으로 'inter'가 'inner'로 바뀌는 이유가 무엇일까요? 이웃한 소리의 영향 때문입니다. '듣'이 '든'으로 바뀐 예에서 비음이 아닌 발음이 비음으로 바뀐 이유는 다음 글자의 초성인 'ㄴ'이 비음이기 때문입니다. '잡'이 '잠'으로 바뀐 예에서 비음이 아닌 발음이 비음으로 바뀐 이유도 다음 글자의 초성이 비음인 'ㄴ'이기 때문입니다. 영어의 예에서도 't'가 'n'으로 바뀐 이유는 't' 앞의 발음이 비음인 'n'이기 때문입니다. 어떤 발음이 이웃하는 발음의 영향을 받아 서로 닮아간다는 점이 흥미롭지 않습니까? 사람들도 가까이 이웃한 사람들에게 서로 영향을 주고받으며 닮아가듯이 소리도 이웃한 소리를 닮아갑니다.

2.2.2. 기의들끼리의 가까움: 환유

조선 후기의 방랑시인으로 유명한 김병연 시인은 '김삿갓'이라는 별명으로 더 많이 알려져 있습니다. '김삿갓'이라는 별명은 어떻게 붙여진 것일까요?

<그림 1> 김삿갓 문학관(영월)의 김삿갓 동상

전국을 유랑하며 권력자와 부자를 풍자하고 조롱하는 시를 썼던 김병연 시인이 큰 삿갓을 늘 쓰고 다녔기 때문에 김삿갓이라는 별명이 붙여진 것입니다. 다르게 표현하면, '시인'이 '삿갓'을 늘 가까이 했기에 '시인'을 '삿갓'이라 부르게 된 것입니다. 이처럼 어떤 대상을 지칭하기 위해 그 대상과 가까운 다른 대상으로 부르는 것을 환유(metonymy)라고 합니다. 1번째 이야기에서 살펴보았듯이 기의들끼리의 유사성에 기초한 것이 은유라면, 기의들끼리의 인접성(가까움)에 기초한 것이 바로 환유입니다.

기표: 삿갓

기의: 삿갓 그림   ⇨   김병연 시인
                                  (인접성)

<그림 2> 인접성에 기초한 환유

'은유'가 '목표개념을 근원개념의 관점에서 이해하는 것'이라면, '환유'는 '어떤 대상을 그 대상과 인접한 표현으로 대신(represent)하는 것'이라 할 수 있습니다.

은유와 마찬가지로, 환유도 일상생활에서 많이 사용되며 문화나 언어에 따라 사용되는 환유가 달라지기도 합니다. 환유를 잘 이해하지 못하면 상대방의 말이나 다른 언어 사용자의 말을 오해하게 될 수도 있습니다. 아래에서는 다양한 환유를 공간적으로 가까운 것과 시간적으로 가까운 것으로 나누어 알아보겠습니다.

2.2.2.1. 공간적 가까움

어떤 대상을 지칭하기 위해 공간적으로 인접한 경우를 일곱 가지로 나누어 살펴보겠습니다. 첫째, '전체'가 '부분'을 대신하는 경우입니다.

(2) <u>England</u> beat <u>Australia</u> in the 2003 Rugby World Cup final.

(3) I fixed up my <u>car</u>.

(4) 나는 오늘 <u>머리</u>를 잘랐다.

(5) You need to pick up your <u>office</u>.

(2)에서 '영국이 호주를 물리쳤다'라는 표현을 사용하였는데, 실제로 이기거나 진 것은 나라 전체가 아니라 럭비팀입니다. 영국의 럭비팀이 호주의 럭비팀을 이긴 것입니다. 럭비팀이라는 부분을 지칭하기 위해 나라 전체로 대신 표현한 환유의 예입니다. (3)의 '차를 고쳤다'란 표현도 마찬가지입니다. 예를 들어, 차의 엔진을 고쳐도 우리는 일반적으로 차를 고쳤다고 합니다. 이 예 역시 전체(차)가 부분(엔진)을 대신한 환유의 예입니다. (3)의 '머리를 잘랐다'라는 표현도 환유의 예입니다. '머리카락'을 '머리'의 일부라고 본다면 (4)의 예문 또한 부분을 지칭하기 위해 전체 표현을 대신 사용한 환유라

고 할 수 있습니다. (2)와 (3)의 경우는 영어나 한국어 모두 환유표
현을 사용하여 두 언어 간의 의사소통의 문제가 없겠습니다.

하지만 (4)의 경우는 한국어는 환유를 사용하지만 영어는 "I got
a haircut."처럼 환유를 사용하지 않기 때문에 (4)와 같은 표현이 영
어권 화자들에게는 기괴하게 들릴 수 있습니다. (5)의 경우는 영어
는 환유를 사용하지만 한국어는 환유를 사용하지 않기 때문에 한국
인들이 (5)의 예문을 이해하기는 쉽지 않습니다. 사무실을 어떻게
집어들 수가 있겠습니까? 이 표현은 사무실을 정리정돈 할 필요가
있다는 뜻입니다. 어떻게 정리정돈을 한다는 의미가 생기게 된 것
일까요? 사실은 사무실을 집어 드는 것이 아니라 사무실에 어질러
져있는 사무실의 집기나 물건을 집어 드는 것으로 정리정돈의 의미
가 생기게 된 것입니다. 사무실이라는 '전체'가 사무실의 집기나 물
건이라는 '부분'을 대신하는 환유입니다.

둘째, '부분'이 '전체'를 대신하는 경우입니다.

(6) Lend me a hand.
(7) I came here by bus.

(6)의 '손'(부분)은 '일꾼'(전체)을 지칭하기 위해 대신한 환유의 예
입니다. 우리도 "일손이 부족하다"와 같은 표현을 사용합니다. 부족
한 것이 꼭 '손'이라기보다는 '일꾼'이 부족한 것을 일컫는 말입니
다. (7)의 'by bus'도 환유의 예입니다. 학교로 올 때 버스만 탄 것
은 아니겠지요. 걷기도 하고, 승강기도 타고, 버스에서 앉기도 하고,

서서 기다리기도 하고.... 버스를 타는 부분이 학교로 올 때 사용한 다양한 이동 수단 전체를 대신한다는 측면에서 이 역시 부분이 전체를 대신하는 환유라고 할 수 있습니다. 이 두 경우 영어와 한국어는 모두 부분이 전체를 대신하는 환유를 사용합니다.

셋째, '주된 것'이 '딸린 것'을 대신하는 경우입니다.

(8) He sat at the <u>table</u>.

(8)에서 '식탁에 앉았다'는 표현은 엄격하게는 식탁에 딸린 '의자에 앉았다'는 것을 대신한 환유의 예입니다. 한국어에서 같은 환유를 사용합니다. 이 환유는 '전체'가 '부분'을 대신하는 환유와 유사하지만 식탁과 의자가 전체와 부분의 관계는 아니므로 따로 분류하였습니다.

넷째, '생산자'가 '생산품'을 대신한 경우입니다.

(9) She likes eating <u>Burger King</u>.

(9)에서 그녀가 먹는 것은 생산자인 Burger King이 아니라 Burger King에서 만든 햄버거이겠지요. 햄버거란 생산품을 지칭하기 위해 생산자를 대신 사용한 환유의 예입니다. 우리도 "학식 먹었어."라는 표현을 사용합니다. '학식'은 '학생식당' 또는 '학교식당'의 줄임말입니다. 학교식당의 음식을 먹었다는 것을 지칭하기 위해 학식을 먹었다고 표현하니까, 이 예도 생산자가 생산품을 대신하는 환유라

고 할 수 있겠습니다.

다섯째, '장소'가 '기관'을 대신하는 경우입니다.

(10) Paris and Washington are having a spat.

(10)에서 승강이를 벌이고 있는 것은 파리와 워싱턴이라는 도시가
아닙니다. 프랑스정부(기관)와 미국정부(기관)가 각각 파리와 워싱
턴에 소재해 있습니다. 정부(기관)를 지칭하기 위해 정부기관이
있는 장소(도시)를 사용한 것입니다. 한국어에서는 '장소'가 '기관'
을 대신하는 환유는 사용하지 않습니다.

여섯째, '장소'가 '사람'을 대신하는 경우입니다.

(11) Good morning, New York.

아침 인사를 하는 대상은 'New York'이란 도시가 아니라 거기에
사는 '시민들'입니다. 사람을 지칭하기 위해 장소를 대신 사용한 환
유입니다. 한국어에서는 이 환유도 사용하지 않기에 번역을 할 때
'뉴욕 시민 여러분'처럼 옮기는 것이 좋겠습니다.

일곱째, '장소'가 '사건'을 대신하는 경우입니다.

(12) American public opinion fears another Vietnam.

미국의 여론이 두려워하는 것은 베트남이라는 나라가 아닙니다. 베트남에서 있었던 사건—즉, 다른 나라의 전쟁에 개입했다가 전쟁에서 지게 됨으로 실익이 없이 끝나버린 사건—이 두렵다는 말입니다. (12)는 '사건'을 지칭하기 위해 그 사건이 일어난 '장소'를 대신 사용한 환유의 예입니다. 앞서 살펴본 '장소'가 '기관'과 '사람'을 대신하는 환유에서처럼 한국어에서는 '장소'가 '사건'을 대신하는 환유는 사용하지 않습니다.

2.2.2.2. 시간적 가까움

이제 지칭하고자 하는 대상을 지칭하기 위해 시간적으로 가까운 대상을 대신해서 사용하는 환유를 살펴봅시다. 여기서는 네 가지로 나누어 살펴보겠습니다.

첫째, '시간'이 '음식'을 대신하는 경우입니다.

(13) 아침 먹었습니까?

'아침'을 먹을 수는 없습니다. 아침 시간에 먹는 '밥'이나 '음식'을 먹은 것이겠지요. 이런 환유가 없는 영어권 화자에게는 'morning'을 먹는 이상한 표현으로 들릴 수 있겠습니다.

둘째, '결과'가 '원인'을 대신하는 경우입니다.

(14) He has a long face.

이 표현은 슬픈 마음이 얼굴표정으로 드러나는 것에 기초한 것입니다. 슬픈 마음이라는 원인을 지칭하기 위해 (슬퍼서) 얼굴이 길어진 모습이라는 결과로 이용하여 표현한 환유입니다. (14)처럼 한국어에서는 사용하지 않는 환유의 경우는 한국인은 이해하기가 쉽지 않습니다.

셋째, '원인'이 '결과'를 대신하는 경우입니다.

(15) She <u>turned on</u> the light.

'turn on'이란 표현은 원래 스위치와 같은 장치를 돌려서(turn) 붙이거나 연결하는(on) 의미에서 비롯된 것입니다. 스위치를 돌려서 전선이 연결되도록 하면 전기가 통해서 불이 밝혀지는 것이지요. 따라서 불을 밝힌 '결과'를 나타내기 위해 스위치를 돌리는 '원인'을 대신하여 사용한 환유라고 할 수 있습니다. 한국어의 '켜다'란 표현도 원인이 결과를 대신하는 환유라고 할 수 있습니다. 원래 '켜다'란 의미는 바이올린을 켜는 것과 같은 의미로 '문지르다(strike)'의 의미입니다. 부싯돌이나 성냥을 켜면(문지르면) 불이 밝혀지겠지요. 불을 밝히는 결과를 나타내기 위해 켜는 원인으로 표현한 것입니다.

☞ "I am too tired to play tennis now."를 왜 "나는 지금 너무 피곤해서 테니스를 못 치겠어요."처럼 번역하는 것일까요? 두 표현의 차이는 무엇일까요? 영어 표현을 직역하면, "지금 테니스 치기에는 내가 너무 지쳐있습니다." 정도가 되겠죠. 이 번역—그리고 영

어문장—은 '원인'에 초점을 둔 표현인데 반해, 앞의 번역문은 '결과'에 초점을 둔 표현입니다. 같은 언어 내에서 원인과 결과를 서로 환유적인 표현으로 사용하듯이, 다른 언어로 번역할 때도 우리는 환유적인 표현을 이용하기도 합니다.

ⓘ ⓘ ⓘ ⓘ ⓘ ⓘ ⓘ ⓘ

✦ 징크스(jinx)

징크스는 사람의 힘이 미치지 못하는 운명적인 일을 일컫는 말입니다. 여러분은 어떤 징크스가 있습니까? 그런데 이런 징크스는 어떻게 생겨날까요? 생일과 시험일이 우연히 겹쳐 아침에 '미역국'을 먹고 시험을 치게 되었는데, 시험을 망치게 되었습니다. 이런 경우 사람들은 두 사건을 인과관계—즉, 원인과 결과의 관계—로 해석을 하려는 경향이 있습니다. 미역국을 먹은 것이 원인이고 시험을 망친 것이 결과가 되겠지요. 이런 경험이 몇 차례 반복이 되면 그 인과관계를 더욱 확신하게 되고 말겠지요. 그러나 대체로 시험을 망치는 사람은 미역국을 먹지 않아도 시험을 망칠 확률이 높습니다. 즉, 징크스란 정확한 인과관계가 아니라 우연을 인과관계로 믿는데서 비롯된 잘못된 믿음일 뿐이랍니다. 얼핏 생각하면 징크스와 환유가 인과관계가 이용된다는 점에서 비슷하다고 볼 수 있겠지만, 징크스란 설득력 있는 인과관계에 입각해 만들어지는 환유와는 다르답니다.

ⓘ ⓘ ⓘ ⓘ ⓘ ⓘ ⓘ ⓘ

지금까지 기의들끼리 가까운 언어현상인 환유에 대해 살펴보았습니다. 아래에서는 기표와 기의가 서로 가까운 언어현상인 지표성에 대해 살펴보도록 하겠습니다.

2.2.3. 기표와 기의의 가까움: 지표성 원리

앞에서 기표와 기의 사이의 닮은 것을 기초로 하는 기호를 도상―또는 아이콘―이라 하고, 기표와 기의 사이의 인접성을 바탕으로 하는 기호는 지표라는 것을 살펴보았습니다. 그리고 언어에는 도상성 원리가 적용되는 현상이 있음을 알아보았습니다. 여기서는 지표가 갖는 성격, 즉 '지표성 원리'가 언어에 적용되는 현상을 살펴보도록 하겠습니다.

지표란 기표가 가까운 기의를 가리키는 기호를 말합니다. Dirven and Verspoor (1998)에 의하면, '지표성 원리'란 우리는 우리가 주목할 수 있는 영역 안에 있는 사물들을 가리킬 수 있다고 생각하는 것을 의미합니다. 지표성 원리를 다른 말로 표현하면, 우리는 우리 자신이 우주의 중심에 있다고 생각하고 우리 주변에 있는 것을 우리의 관점에서 바라보는 것을 의미합니다. 우리의 관점을 크게 두 가지―즉, 자기중심적 관점과 인간중심적 관점―로 나누어 살펴보겠습니다.

2.2.3.1. 자기중심적 관점(ego-centric perspective)

'자기(ego)' 혹은 '나 자신(ego)'의 관점에서 세상을 바라보고 얘기하는 예를 살펴봅시다. '여기(here)'가 어디일까요? 필자가 글을 쓰는 이 순간은 연구실에 있기 때문에 '여기'는 연구실이 되겠지요. 하지만 강의를 하려고 강의실에 와서 '여기'라고 한다면 '여기'는 강의실이 되겠지요. 이처럼 '여기'란 표현은 말하는 사람이 위치한 곳을 의미합니다. '여기'란 표현은 자기중심적 관점에서 말하는 것입니다.

'지금(now)'이란 언제일까요? '지금'이란 시간도 '나 자신' 또는 '화자'가 말을 하는 시간에 따라 '지금'의 기의가 변합니다. 필자가 이 글을 쓰고 있는 '지금'은 2018년 7월 23일 오전 11시 2분입니다. 하지만 하루 전에 필자가 '지금'이란 표현을 사용하였다면, '지금'이 2018년 7월 22일이 되겠지요. '지금'이란 표현도 화자가 발화하는 순간을 의미하는 것으로 자기중심적 관점에서 이루어지는 표현이라고 하겠습니다.

'나(I)'는 누구일까요? 현재 '나 자신'이 '나'라고 했을 때의 '나'는 이 글을 쓰고 있는 필자를 지시(refer)합니다. 하지만 여러분이 '나'라고 할 때는 '나'가 여러분 자신을 지시하겠죠. '나'라는 표현도 화자가 누구냐에 따라 달라지는 자기중심적 표현이라고 할 수 있습니다.

'오다(come)'라는 표현은 어디로 움직이는 것을 뜻할까요? '오다'라는 동사도 특정한 장소로 이동하는 것을 의미하지 않고, 화자가 있는 위치로 이동을 하는 것을 의미합니다. 즉, '오다'도 화자의 위치에 따라 달라지는 자기중심적 표현이라고 할 수 있습니다.

지금까지 살펴본 '여기, 지금, 나, 오다'와 같이 발화상황을 이해해야만 그 표현의 의미를 이해할 수 있는 표현을 '직시적(deictic) 표현'이라고 부릅니다. 이와 같은 '직시적인 표현'을 정리하면 다음과 같습니다.

(16) a. (장소) 여기, 거기, 저기; here, there, over there

    b. (시간) 지금, 그때, 어제, 내일; now, then, yesterday, tomorrow

    c. (사람) 나, 우리, 너, 그, 그녀, 그들; I, we, you, he, she, they

    d. (동사) 오다, 가다; come, go

자기중심적 관점을 다르게 표현하면, '나 자신' 또는 '자기'를 직시적 중심(deictic center)으로 생각한다는 것입니다. 그런데 왜 사람들은 자기를 직시적 중심으로 생각할까요?

자기중심적 사고는 뇌의 발달과 관련이 있습니다. 2세에서 7세 사이의 아이들은 Piaget의 인지발달의 네 단계 중에서 두 번째 단계인 '전조작기(preoperational stage)'에 해당됩니다. 이 단계에 속한 아이들의 특성은 자신이 보는 것을 다른 사람들도 볼 수 있다고 생각하는 자기중심적 생각을 합니다.[1] 실험의 한 예를 소개하겠습니다. 책상을 사이에 두고 아이와 어른이 마주 앉아있습니다. 책상 가운데에 놓인 장애물로 맞은편에 위치한 작은 물건들은 반대편에 앉은 사람은 볼 수 없습니다. 하지만 아이들은 자기가 볼 수 있는 물체들을 맞은편에 앉은 어른도 볼 수 있을 것이고 생각을 합니다. 이 연령대의 아이들은 자가가 알면 다른 사람들도 알 것이라고 생각하는 자기중심적 사고를 합니다.

---

1) 이런 사실을 뒷받침하는 실험의 예는 아래 사이트를 참조하기 바랍니다.
   https://www.youtube.com/watch?v=OinqFgsIbh0

＊＊＊＊＊＊＊＊

❊ Piaget의 인지발달 단계

1단계: 감각운동기(sensorimotor stage; 2세 이전)

　　　　세상을 감각과 운동을 통해 이해하는 단계

2단계: 전조작기(preoperational stage; 2세에서 7세 사이)

　　　　자기중심적이고 사물의 특징 하나에 집중하는 경향이 있
　　　　는 단계

3단계: 구체적 조작기(concrete operational stage; 6, 7세에서 11,
　　　　12세 사이)

　　　　자기중심적 사고에서 벗어나고, 변형되었던 사물이 처음
　　　　했던 조작을 반대로 하면 원래의 상태로 되돌릴 수 있고,
　　　　두 특성을 비교하고 그 관계를 통합할 수 있는 단계

4단계: 형식적 조작기(formal operational stage; 13세 이후)

　　　　명제 또는 문장이 나타내는 의미의 구체성과는 관계없이
　　　　명제 사이의 관련성을 이해하고 활용할 수 있는 단계

＊＊＊＊＊＊＊＊

☞ 필자의 딸이 어렸을 때—즉, 전조작기에 해당하는 나이—의 일화입니다. 아이가 어떤 어려움이 있어서 필자에게 도움을 요청하였습니다. 필자는 곧 아이에게 다가가서 도와주겠다는 뜻으로 "아빠가 곧 갈게."라고 얘기를 하였습니다. 갑자기 아이가 울기 시작하였습니다. 필자는 금방 말을 고쳤습니다. "아빠가 곧 올게." 그러자 아이는 금방 얼굴에 미소를 띠면서 행복해졌습니다. '가다'라는 표

현을 자기중심적으로 생각하는 전조작기 단계의 아이의 입장에서는 자기에게서 멀어지는 행동으로 생각한 것입니다.

전조작기에서 벗어나서 인지적 발달의 다음 단계로 넘어가게 되면, 다른 사람의 관점도 이해를 하게 됩니다. 그런데 우리가 글을 쓸 때에는 아직 전조작기를 벗어나지 못해서 자기중심적 표현을 사용하는 경우를 일상생활에서 종종 목격하게 됩니다. 몇몇 예를 들자면 다음과 같습니다. 필자는 학생들로부터 전자편지를 종종 받습니다. 그런데 이런 편지를 받게 되면 매우 당황하게 됩니다. 편지가 이렇게 시작됩니다. "교수님, <u>저</u>입니다.... <u>오늘</u>은 사정이 있어서 수업을 참석하지 못했습니다." '저'와 '오늘'이란 표현은 얼굴을 마주하는—즉, 발화의 맥락을 이해할 수 있는—상황에서만 이해할 수 있는 직시적 표현입니다. 하지만 편지에서 '저'라고 한다면 수많은 학생들 중에서 '저'가 누구인지 어떻게 알 수 있을까요? 그리고 '오늘'이 언제인지는 어떻게 알 수 있을까요? 전자편지를 며칠 지나서 읽는다면 읽는 사람의 '오늘'과 편지를 쓴 사람의 '오늘'은 서로 다른 날짜가 될 수밖에 없겠죠. 이런 실수를 하는 것은 편지를 쓴 사람은 자기가 아는 것—즉, '저'와 오늘—을 편지를 읽는 사람도 알 것이라는 자기중심적 사고에서 비롯된 것으로 볼 수 있습니다.

자기중심적 사고에서 비롯되어서 의사소통에 지장을 초래하는 또다른 예를 살펴봅시다. 학교 건물의 게시판에도 직시적인 표현을 제대로 이해하지 못해서 발생하는 의사소통의 문제가 발견됩니다. 행사에 관한 내용을 안내하면 '오늘 늦은 6시'와 같이 적혀있는 게시물을 종종 발견하게 됩니다. 글을 적은 사람은 '오늘'이 언제인지를 알지만 게시물을 보는 사람은 '오늘'을 언제로 이해해야하는 것일까요? 그리고 필자가 받은 전자편지 중에는 이런 편지도 있었습니다. "교수님, 수업 듣는 학생인데요. 중간고사 언제 치나요?" 편지를 받고서 적지 않게 당황할 수밖에 없었습니다. 여러 과목을 가르치고 있는데 어느 과목을 이야기하는 것인지? 편지나 글을 쓸 때에는 자기중심적 사고에서 벗어나 읽는 사람의 입장을 고려하여 써야 하겠죠.

다음 주제로 넘어가기 전에, 어떤 사물의 위치를 다른 사물의 위치와 관련해서 표현할 때에는 자기중심적 관점에서뿐만 아니라 내재적 방향의 관점에서도 이루어진다는 것을 살펴보겠습니다. 아래의 그림을[2] 보고 자전거의 위치를 말해보세요. 아래 그림에서 사람의 위치는 관찰자—즉, 질문을 받는 사람—의 위치입니다. "자전거가 어디 있습니까?"라고 물으면, 여러분은 어떻게 대답할까요? 아래 네 가지 그림을 보고 대답해보세요.

a. *the bicycle behind the tree*   b. *the bicycle in front of the tree*

c. *the bicycle behind the car*   d. *the bicycle in front of the car*

<그림 3> 직시적 방향과 내재적 방향

---

2) Dirven and Verspoor (1998: 7)에서 인용.

(17) a. 자전거는 나무 뒤에 있습니다.

    b. 자전거는 나무 앞에 있습니다.

    c. 자전거는 차 뒤에 있습니다.

    d. 자전거는 차 앞에 있습니다.

아마 여러분들은 (17)처럼 답하였을 것 같습니다. 이제 그림에서 자전거의 위치를 자세히 살펴봅시다. 위 <그림 3>의 (b)와 (c)는 자전거의 위치는 똑같이 비교 대상 물체의 오른쪽에 위치해 있습니다. 그런데 (b)는 자전거는 나무의 앞에 있다고 하고 (c)는 자전거가 차의 뒤에 있다고 하는 이유는 무엇일까요? (b)와 (c)의 차이는 비교 대상인 물체에 있습니다. 비교 대상인 '나무'와 '차'의 차이는 무엇일까요? 차는 원래부터 앞과 뒤가 있습니다. 다른 말로 하면, 차는 내재적 방향(inherent orientation)이 있습니다. 이처럼 내재적 방향이 있는 것은 관찰자의 위치와 상관없이 앞과 뒤로 표현할 수 있습니다. 하지만 내재적 방향이 없는 나무와 같은 경우는 관찰자의 위치에 따라 앞과 뒤가 바뀔 수 있습니다. 이런 것을 직시적 방향(deictic orientation)이라 부릅니다. 다른 말로 표현하면, 직시적 방향의 경우는 자기중심적 관점에서 방향을 표현하게 됩니다.

2.2.3.2. 인간중심적 관점(anthropocentric perspective)

자기중심적 관점이 일반화된 것이 인간중심적 관점이라고 할 수 있습니다. '나 자신'이 사람이기 때문에 '나 자신'은 일반적으로 사물—또는 식물, 동물—보다는 사람에게 더 관심을 가집니다. 예를 들어, 우리 사람들은 각자의 개성이 있고 각자 소중한 사람입니다. 따라서 우리는 사람들 각자에게 이름을 붙여줍니다. 철수, 영희, John, Mary.... 하지만 하늘에 떠있는 수많은 별은 이름이 그냥 '별' 이죠. (물론 천문학자들은 각 별에 이름을 붙이겠지요. 하지만 일반 인들에게는 그냥 별이죠. 물론 일반 사람들도 별 중의 일부는 이름을 알기도 합니다. 북두칠성, 오리온, 남십자성....) 아니면 교실에 놓인 책상을 보세요. 책상 하나하나에 이름을 붙여주지는 않습니다. 대상에 대해 이름을 붙이는 데에서 우리의 인간중심적 관점이 발견됩니다.

인간중심적 관점에서 사람들이 각자의 이름을 갖듯이, 문법에서도 유사한 현상이 나타납니다. 사람과 관련된 표현은 사물과 관련된 표현보다 더 세분화하는 경향이 있습니다. 아래의 예문을 보세요.

(18) (사람) 남성 he   vs. (사물) it
　　　 여성 she

사람―경우에 따라서는, (반려)동물 또는 고등동물도 포함됨―은 성 (gender)을 구분하여 남성대명사(he)와 여성대명사(she)를 구분하여 사용하지만, 사물의 경우는 성의 구분이 없이 하나의 대명사(it)만 사용합니다.

이러한 구분은 대명사의 격(case)에서도 나타납니다. 아래 영어 대명사의 예를 보세요.

(19) (사람) 주격 who   vs. (사물) 주격 which

　　　목적격 whom　　　　　　　목적격 which

사람은 격이 달라짐에 따라 다른 대명사―즉, 주격(nominative
case)은 'who', 목적격(accusative case)은 'whom'―를 사용하지만,
사물은 격의 구분이 없이 'which'만 사용합니다.

한국어에서도 이와 같은 인간중심적 관점이 격표지에 반영됩니
다. 사람과 사물은 복수(plural) 표지의 사용에서도 차이를 보입니
다. 우리는 사람에게 관심을 갖기 때문에 사람들을 단수와 복수를
구분하여 여러 사람들을 지칭할 때 '들'을 사용하는 것이 일반적이
지만, 사물에는 관심이 덜 하기 때문에 사물에 '들'을 붙여 사용하
는 것은 어색하거나 적어도 평상시에 잘 사용하지 않습니다.

(20) a. (사람) 학생들, 사람들, 아이들, 노인들

　　　b. (사물) 지우개들, 연필들, 거울들, 의자들

일상대화에서 "교실에는 학생들이 많다."와 같은 표현은 자연스럽
지만, "책상에는 지우개들이 많다."와 같은 표현은 결코 자연스럽지
않습니다. "책상에는 지우개가 많다."와 같이 표현하는 것이 훨씬
자연스럽게 들립니다.

한국어에서는 목표지점을 나타낼 때 사람과 사물은 서로 다른 격
표지를 사용합니다. 아래의 한국어 예문을 보세요. (예문 앞에 표시
된 '*'는 언어학에서 문장이 비문법적(ungrammatical)임을 나타내

기 위해 사용하는 기호입니다.)

(21) a. 그는 <u>아이에게</u> 물을 뿌렸다.

　　 b. *그는 <u>아이에</u> 물을 뿌렸다.

　　 c. 그는 <u>벽에</u> 물을 뿌렸다.

　　 d. *그는 <u>벽에게</u> 물을 뿌렸다.

위의 예에서 보듯이, 사람은 '-에게'가 사용되는 반면 사물에는 '-에'
가 사용됩니다. 여기서도 우리의 인간중심적 관점이 드러납니다.

　언어의 사용자가 사람들이기 때문에 우리는 인간중심적인 관점
에서 세상을 이해하려는 경향은 능동태나 수동태와 같은 태(voice)
에서도 나타납니다. 아래의 한국어와 영어의 예문을 주어에 관심을
기울여 살펴보세요.

(22) a. <u>내가</u> 콘택트렌즈를 잃어버렸다.

　　 b. *<u>콘택트렌즈가</u> 나에 의해 잃어버려졌다.

(23) a. <u>I</u> lost my contact lenses.

　　 b. *<u>My contact lenses</u> were lost by me.

위의 예에서, 사람을 주어자리에 두어 사람의 관점에서 표현한
(22a)와 (23a)는 올바른 문장이 되지만, 사물을 주어자리에 두어 사
물의 관점에서 표현한 (22b)와 (23b)는 올바른 문장이 되지 못합니
다. 여기서도 우리는 인간중심적 관점에서 언어를 사용한다는 사실

을 깨달을 수 있습니다.

☞ 우리말에 '물고기'란 표현이 있습니다. 영어의 'fish'에 비해 한국어의 '물고기'란 표현은 상당히 인간중심적 표현입니다. 우리 말의 '고기'는 '식용하는 온갖 동물의 살'을 의미합니다. '물고기'란 단어는 '물에서 얻을 수 있는 먹거리 또는 동물의 살'과 같은 대상을 인간중심적인 관점에서 먹거리로 바라본 표현입니다. 영어권 문화에서는 'fish'를 그냥 물에 사는 독립된 생명체로 보고 그 생명체에 대해 'fish'라는 기표를 붙여준 것인데 비해, 한국문화에서는 상당히 인간중심적으로 그 생명체에 대해 '물고기'란 이름을 붙여준 것입니다. 물고기의 입장에서 보면 얼마나 슬플까요?!

2.3. 다양한 관점

우리들은 사람의 관점에서 세상을 이해하려고 합니다. 우리는 인간이 지구의 모든 생명체를 지배한다고 생각합니다. 인간과 사과나무의 관계를 상상해봅시다. 인간의 입장에서 보면, 인간이 사과나무를 심고, 거름을 주고 열심히 농사를 지어 가을에는 맛있는 열매를 따먹습니다. 인간의 의지대로 사과나무를 관리합니다. 하지만 사과나무의 입장에서 보면, 인간에게 가을이 되어 맛있는 열매를 내어주니 사람들은 그것을 바라고 한여름의 뙤약볕에도 자기에게 충성을 다해 물과 영양분이 가득한 거름을 주며 섬기는 것으로 볼 수 있지 않을까요? 마치 우리가 봉급을 주는 고용주를 위해 열심히 노력하듯이 말입니다. 우리는 일반적으로 식물은 동물에 비해 열등하다고 생각합니다. 하지만 동물과 식물의 차이는 생존과 번식의 차이만 있을 뿐이지 동물과 식물은 유전자 개수나 생명을 이루는 성분이나 생화학의 복잡성도 비슷합니다.[3] 식물이 동물에 비해 열등하다는 것은 인간의 시각이 아닐까요?

☞ 사람들끼리의 관계에서도 자기중심적 사고에서 벗어나 다른 사람의 관점에서 바라볼 필요가 있음을 황희 정승의 일화를 통해 알 수 있습니다. 황희 정승 집안의 두 하인이 다툼이 있었습니다. 한 하인이 정승에게 다가와 상대를 비방하며 억울함을 하소연하자, 듣고 있던 정승은 "자네 말이 맞네."하고 하인을 돌려보냈습니다. 잠시 후 다른 하인이 정승에게 찾아와 자신이 억울함을 토로하자, 정승은 "자네 말이 맞네."하고 하인을 돌려보냈습니다. 그러자 이번에는 옆에서 지켜보던 부인이 따지듯이 묻습니다. "대감께서는 옳고 그름을 가리지는 않고, 어떻게 서로 다른 말을 하는데 다 맞다고 하십니까?" 그러자 정승은 "그래요. 당신 말도 일리가 있소."라고 대답하였습니다.

예전에 읽었던 영어동화가 생각이 납니다. 동화작가 Gaelyn Gordon이 쓴 'Fuss Makes a Move'란 제목의 동화입니다. 우리는 사람과 개의 관계에서 사람의 입장에서 개를 바라보는 것이 일반적이지만, 이 동화에서는 '야단법석'이란 뜻의 이름을 가진 개 Fuss의 입장에서 이사 가는 사람들을 묘사한 점이 흥미롭습니다. 사람의 입장에서는 '아빠, 엄마, 개구쟁이 아들'이라 묘사할 등장인물을 개

---

3) 한겨레신문의 칼럼 '남홍길 교수에게 듣는 식물 분자유전학'.
   http://www.hani.co.kr/arti/science/science_general/435534.html

의 입장에서 '바지, 스타킹, 뜀박질'로 묘사하고 사람들의 행동들도 개의 입장에서 묘사하였습니다. 다른 관점에서 세상을 바라보는 것이 재미있는 일이기도 하고, 그것이 때로는 창의적인 일이 되기도 합니다.

이제 마지막으로 서양화와 동양화에 나타나는 관점의 차이를 살펴보도록 하겠습니다. 아래 그림에 제시된 서양화와 동양화를 잘 비교하면서 살펴볼까요?

<그림 4> Meindert Hobbema의 미델하르니스의 가로수길

<그림 5> 정선의 만폭동

<그림 4>는 네덜란드의 화가 Hobbema가 그린 '미델하르니스의 가로수길'로 전통적인 서양화입니다. <그림 5>는 정선의 '만폭동'으로 전통적인 동양화입니다. 여러분에게는 어떤 그림이 더 친숙한가요? 아마 대부분의 독자들에게는 서양화인 <그림 4>가 더 친숙하게 보일 것입니다. 우리가 서양화를 더 자주 접하기 때문인 것 같습니다. 그런데 서양화에 익숙한 현대인들에게는 동양화인 <그림

5>를 이해하기가 쉽지 않을뿐더러 오히려 이상하게 보일 수도 있습니다. 하지만 이는 동양화에 대한 편견입니다. 동양화를 이해하려면 서양화와 다른 관점을 이해해야합니다. 이런 관점의 차이를 이해하기 위해, KTV에서 방송된 '서양화와 동양화의 차이'를[4] 시청할 것을 권하고 싶습니다.

서양화는 화가가 그리고자 하는 대상을 고정된 장소에서 바라보며 관찰한 모습대로 캔버스에 그립니다. 따라서 가까운 것은 크게, 멀리 떨어진 것은 작게 그립니다. 이것을 '원근법'이라고 합니다. 반면 동양화는 그리고자 하는 대상을 관찰하고 돌아와 마음에 담긴 것을 그립니다. 따라서 한 그림에 하나의 관점만 존재하는 것이 아닙니다. 위 '만폭동'에서 왼편 아래쪽에 사람들이 서있는 모습을 위에서 내려다보는 시점인 '심원법'을 사용하여 그린 것이고, 그림 가운데와 오른쪽의 우뚝 솟은 절벽과 소나무 그리고 오른쪽의 절벽 위에 자리한 절은 아래에서 위로 올려다보는 시점인 '고원법'을 사용하였습니다. 그리고 그림의 위 멀리 일렬로 늘어서 있는 산자락은 수평적 시각을 바라본 '평원법'을 사용하여 그린 것입니다. 이처럼 보는 관점에 따라 다른 그림을 그릴 수 있는 것입니다.

천재화가 Picasso가 아프리카의 조각이나 가면에 많은 영향을 받아 창의적인 그림을 그릴 수 있었듯이 다른 다양한 관점에서 세상을 바라보려는 노력이 지금 우리에게 필요하지 않을까요? 아래 <그림 6>의 아프리카의 전통가면과 <그림 7>의 Picasso의 그림에

---

4) KTV '서양화와 동양화의 차이'.
   https://www.youtube.com/watch?v=FIr4OdSRXVw

그려진 오른쪽 두 처녀의 얼굴을 비교해보세요.

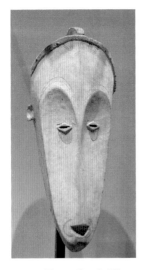

<그림 6> 아프리카의
전통 가면

<그림 7> Picasso의
아비뇽의 처녀들

3번째 이야기

약속

3.1. 새끼손가락과 약속

3.2. 언어에서의 약속

    3.2.1. 의미적 투명성

    3.2.2. 새로운 기표를 찾아서

3.3. 새로움의 추구

3.1. 새끼손가락과 약속

'약속'하면 어떤 단어가 마음속에 떠오르나요? '약속'이란 말과 어떤 말이 어울릴까요? 사람마다 떠오르는 단어가 다를 수 있겠지만, '시간'과 '장소'라는 단어가 떠오르지 않을까요? 국립국어원의 표준국어대사전에서[1] '약속'이란 표제어 밑에 '약속 시간, 약속 장소'를 가장 먼저 제시하고 있습니다. '약속'과 어울리는 동사에는 어떤 것이 있을까요? 표준국어대사전에는 '약속을 깨다, 약속을 어기다, 약속을 지키다'의 순서로 제시하고 있습니다. 약속을 지키는 것보다 약속을 깨거나 어기는 것이 먼저 제시된 사실이 놀랍고도 씁쓸합니다. 약속을 깨거나 어기는 것이 약속을 지키는 것보다 더 일상적인 일이라서 그런 걸까요?

'약속'하면 생각나는 손짓(hand gesture)이 있습니다. 아래의 그림에서처럼 주먹을 쥔 채 새끼손가락만 펴는 동작은 약속을 의미합니다.

---

1) 국립국어원 표준한국어대사전 홈페이지.
   http://stdweb2.korean.go.kr/main.jsp

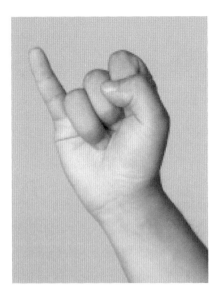

<그림 1> 약속을 나타내는 손짓: 상징

우리나라에서는 위 <그림 1>의 손짓이 '연인'이나 '여자친구'를 의미하기도 합니다. '약속'의 의미에서 사귀거나 결혼을 약속한 사이의 사람이란 의미로 확장되어 사용된 것 같습니다. 그런데 흥미롭게도, 같은 손짓이 다른 문화에서는 다른 의미로 사용됩니다.[2] 중국에서는 '별 볼일 없다'는 의미로 상대를 무시할 때 사용합니다. 인도나 네팔에서는 '화장실에 가고 싶다'는 뜻으로 사용됩니다. 프랑스에서는 새끼손가락이 '작은 새'를 뜻합니다. 새끼손가락을 귀에 가져다 대는 동작은 '작은 새가 나에게 말해줬다'의 의미로 상대에게 '나는 너의 비밀을 알아'라는 것을 표시하고자 할 때 사용합니다.

---

2) 동아일보의 기사 '새끼손가락을 위로 쳐들면 인도선 화장실 가겠다는 뜻'.
   http://news.donga.com/Culture/more26/3/all/20121109/50747894/1

그런데 왜 한 가지 손짓이 문화에 따라 매우 다른 의미를 가질까요? 손짓이라는 기표와 손짓이 나타내는 기의의 관계가 단지 같은 문화권에 속한 화자들끼리의 약속에 의해 정해졌기 때문입니다. 다른 말로 하면, 손짓은 약속 또는 규약에 기초한 상징이기 때문입니다. 필연적인 이유가 있는 도상이나 지표와 달리 상징은 기표와 기의의 관계가 매우 느슨하다고 할 수 있습니다.

☞ 손짓에 대한 얘기가 나온 김에, 우리가 숫자를 헤아릴 때하는 손짓이 문화에 따라 어떻게 다른지 살펴볼까요? 우리나라에서는 손을 편 상태에서 '하나'라고 말하며 엄지를 접습니다. '둘'하면서 검지를 접습니다. 그런 식으로 숫자를 헤아리다가, '다섯'하면서 '새끼손가락'을 접고, '여섯'하면서 다시 '새끼손가락'을 폅니다. 그런 식으로 진행되다가 마지막 '열'하면서 다섯 손가락이 다 펴진 원래의 상태로 돌아옵니다. 하지만 미국에서는 주먹을 쥔 상태에서 '하나'라고 하면서 엄지를 폅니다. '둘'하면서 검지를 폅니다. 그런 식으로 진행되어 '다섯'이 되면 다섯 손가락이 다 펴집니다. '여섯'이라고 할 때는 다른 편의 손으로 넘어가 검지를 폅니다. '열'을 헤아릴 때는 열 개의 손가락이 다 펴지게 됩니다.

앞서 비둘기의 신세가 평화의 상징에서 추락하여 해로운 동물로 지정되었다는 것을 살펴보았습니다. 비둘기의 지위가 이렇게 떨어진 것은 비둘기란 기표와 평화라는 기의의 관계가 필연에 의한 것이 아니라 약속에 의한 것이라 시대의 변화에 따라 그 약속이 변할 수 있기 때문입니다. 약속 또는 규약에 기초한 상징은 각각 유사성과 인접성에 기초한 도상이나 지표에 비해 기표와 기의

사이의 관계가 느슨하여 시간의 흐름에 따라 그 관계에 변화가 생기기 쉽다는 것을 알 수 있습니다. 아래에서는 언어에 나타난 약속 또는 상징과 관련된 현상을 살펴보도록 하겠습니다.

<그림 2> 평화의 상징에서 유해동물이 되어버린 비둘기

3.2. 언어에서의 약속

여기서는 두 개의 주제로 나누어 살펴보고자 합니다. 먼저 기표와 기의 사이의 관련성을 의미적 투명성(semantic transparency)이란 관점에서 살펴보고, 두 번째로 새로운 기표를 찾으려는 시도에 대해 살펴보겠습니다.

3.2.1. 의미적 투명성

방안에서 투명한(transparent) 창을 통해 밖으로 내다보면, 우리는 쉽게 밖의 풍경이나 어떤 일이 일어나는지 알 수 있습니다. 반면 창에 불투명한(opaque) 커튼이 쳐져있다면 우리는 밖의 모습을 볼 수가 없습니다.

<그림 3> 투명한 창 vs. 불투명한 커튼

창을 통해 밖을 쉽게 내다보듯이 기표를 보고 쉽게 기의를 짐작할 수 있는 것을 의미적으로 투명하다(semantically transparent)고 합니다. 그리고 커튼을 통해 밖의 모습을 쉽게 알 수 없듯이 기표를 보고 쉽게 기의를 짐작할 수 없는 것을 의미적으로 불투명하다(semantically opaque)고 합니다.

3.2.1.1. 약속과 투명성

기본적인 단어는 약속으로 정해지는 것이기 때문에 같은 기의라도 기표는 문화마다 다를 수 있습니다. 예를 들어, 아래의 <그림 4>에 나타난 기의를 나타내기 위해 사용된 기표는 아래 예 (1)에서 볼 수 있듯이 언어마다 매우 다릅니다.

(1) a. 집 (한국어)

    b. house (영어)

    c. maison (불어)

    d. talo (핀란드어)

    e. dom (러시아어)

<그림 4> 집 vs. house: 상징

같은 기의를 나타내기 위해 문화마다 다양한 기표를 사용하는 것은 필연성에 의한 것이 아니라 화자들끼리의 약속으로 이루어지기 때문입니다. 위의 그림에 제시된 기의가 반드시 '집'이 되거나 'house'가 되어야할 이유가 없습니다. 이런 약속에 의한 기표와 기의의 관계는 매우 자의적(arbitrary)입니다. 이런 자의적인 관계는 의미적으로 불투명하기 때문에 기표와 기의의 관계를 암기를 통해 숙지하는 수밖에 없습니다.

하지만 언어란 전부가 의미적으로 불투명한 것은 아닙니다. 모든 것이 불투명하다면 언어를 쉽게 습득하기도, 배우기도, 사용하기도 힘이 들겠지요. 아래에서는 의미적으로 투명한 언어현상에 대해 살펴보겠습니다.

3.2.1.2. 투명한 표현

기본적인 단어에서 기표와 기의의 관계는 불투명합니다. 하지만 기존의 단어가 결합이 되어 새로운 '복합어(compound word)'를 만들 때에는 기표와 기의의 관계가 투명합니다. 아래 그림의 스포츠를 무엇이라고 부르나요?

<그림 5> 축구 vs. football

영어로는 'football'이라고[3] 하고, 한국어로는 '축구'라고 합니다. 영어로 'football'이라고 하는 이유는 '발'로 '공'을 차기 때문입니다. '발'과 '공'이란 기의를 왜 'foot'과 'ball'이라는 기표로 부르는 것은 매우 자의적이고 불투명한 관계이지만 두 단어가 결합되는 과정은 의미적으로 투명합니다. 한국어의 '축구'란 표현도 의미적으로 투명합니다. '축구'라고 하는 이유는 공―즉, 구(ball)―을 차―즉,

---

3) 미국에서는 soccer라고 하고, 영국 등 나머지 영어권 지역에서는 일반적으로 football이라고 부릅니다. 미국에서 football이라고 하면 럭비와 비슷한 미식축구를 의미합니다.

축(kick)—는 스포츠이기 때문입니다. 이처럼 복합어가 새롭게 만들어질 때는 의미적으로 투명한 방식으로 이루어집니다. '의미적으로 투명하다'는 다른 쉬운 말로 바꾸어 말하면, '수긍이 가다, 말이 되다'로 표현할 수 있겠습니다. 영어로는 'make a sense'라는 표현으로 바꾸어 사용할 수 있겠습니다.

　복합어는 아니지만 기존의 형태소(morpheme)를[4] 이용하여 새로운 단어를 만들 때에도 의미적으로 투명한 방식으로 이루어집니다. 여러분들은 아래의 단어가 의미적으로 투명합니까?

　(2)　a.　진시황
　　　　b.　광개토대왕
　　　　c.　(광주)비엔날레(biennale)

혹시 여러분에게 불투명하게 보일지—혹은, 여러분이 모르고 있을지—모르나 아주 투명한 표현입니다. '진시황'은 '진'나라를 '시'작한 '황'제라는 의미입니다. '광개토대왕'은 영 '토'를 넓게—즉, '광'— '개'척한 위 '대'한 '황'제라는 뜻입니다. 'biennale'에서 'bi'가 '2'를 의미하고 'ennale'가 'year(년, 해)'를 의미합니다. 따라서 형태소가 합해진 'biennale'는 '2년마다 개최되는 행사'란 의미를 지닙니다. 이처럼 기존의 형태소가 모여서 새로운 단어가 만들어질 때도 의미적으로 투명한 방식으로 이루어진답니다.

---

4) '형태소'란 의미를 지닌 최소 단위를 의미하는데 단어가 하나의 형태소가 되기도 하지만 단어보다 작은 형태가 형태소가 되기도 합니다. walker란 단어에서 'er'은 독립된 단어는 못되지만 '-하는 사람'이란 의미를 지니기 때문에 하나의 형태소가 됩니다.

단어가 모여 구(phrase)나 숙어(idiom)를 이룰 때도 아래의 예에서와 같이 의미적으로 투명한 방식으로 이루어지는 것이 일반적입니다. 아래의 밑줄 친 표현의 의미를 쉽게 짐작할 수 있을 것입니다.

(3) She <u>went into</u> the building.

'went'가 '갔다'이고 'into'가 '안으로'란 의미라는 것을 알면, 'went into'는 '안으로 들어갔다'의 의미라는 것을 쉽게 짐작할 수 있을 것입니다. 이렇게 의미적으로 투명한 것이 일반적이지만, 아래의 예처럼 투명하지 않은 경우의 예도 있습니다.

(4) She <u>turned on</u> the light.

'turned on'의 경우는 'turned'가 '돌렸다'의 의미이고 'on'이 '위' 또는 '붙어있는'의미란 것을 알고 있더라도, 왜 'turned on'이 '(불을) 켰다'의 의미가 되는지 짐작하기는 쉽지 않습니다. 의미적으로 불투명한 것이지요. 이렇게 불투명한 경우는 왜 발생하는 것일까요? 이와 관련된 논의가 아래에서 이어질 것입니다.

3.2.1.3. 투명하지 않은 표현

영어의 'turn on'이란 표현이 어떻게 '켜다'의 의미를 지니게 된 것일까요? 요즘 젊은 세대의 입장에서는 수긍이 잘 가지 않을 것입니다. 아래 그림에서처럼 불을 켜기 위해서는 스위치를 누르는 행동을 하는데 왜 'turn on'이라고 할까요?

<그림 6> turn on

　　EBS에서 인기리에 방송되고 있는 '세상에 나쁜 개는 없다'는[5] 것처럼 숙어나 구가 만들어질 때부터 의미적으로 불투명한 경우는 없습니다. 전기를 발명하여 처음 불을 켜고 끄던 시절의 문화를 생각해봅시다. 아래의 전구를 켜는 모습을 생각해보세요.

<그림 7> turn on

　　위 <그림 7>과 같은 전구의 불을 켤 때는 전구 소켓(socket)의

---

5) 버릇이 없는 개가 있을 수 있지만, 프로그램이 주장하고자 하는 바는 개의 나쁜 행동은 주인의 잘못된 행동에서 비롯된다는 것입니다.

오른쪽에 붙어있는 손잡이를 돌려서(turn) 떨어져 있던 선을 연결 (on)시킵니다. 그러면 전기가 통해서 불이 밝아지는 것입니다. 이처럼 'turn on'이 처음 만들어져 사용되던 문화를 생각해보면 이 표현 역시 의미적으로 투명하다는 것을 알 수 있습니다.

그런데 세월이 흐름에 따라 <그림 7>과 같은 스위치에서 <그림 6>과 같은 스위치 문화로 바뀌게 됩니다. 이런 문화가 바뀜에 따라 'turn on'이란 표현도 의미적으로 불투명한 표현이 되고 말았습니다. 기호학의 용어로 표현하면, 'turn on'이란 기표는 변화가 없는데 기표가 나타내는 기의는 문화가 바뀜에 따라 달라지기 때문에 의미적으로 불투명해진다고 할 수 있습니다. 일반적으로 기의인 문화의 변화 속도에 비해 기표인 언어의 변화는 매우 느립니다. 이런 언어의 특성을 '언어의 보수성(conservatism of language)'이라고 부릅니다. 의미적으로 불투명한 표현은 언어의 보수성으로 인해 기표와 기의 사이에 괴리가 생긴 현상이라고 볼 수 있습니다.

한국어의 '켜다'란 표현은 아래의 예문에서 어떤 의미로 사용된 것일까요? 두 예문에서 사용된 '켜다'의 의미는 같은 것일까요? 이 표현은 의미적으로 투명한가요?

(5) a. 그녀는 전깃불을 켰다.
    b. 그녀는 바이올린을 켰다.

<그림 8> (바이올린) 켜다

위 두 문장에서 사용된 '켜다'가 일견 서로 의미적인 상관성이 없는 것처럼 보입니다. 바이올린을 켜는 것은 활로 바이올린의 현을 문지르는 것을 말합니다. 전깃불을 켤 때에는 그런 문지르는 동작이 없습니다. 우리는 앞서 의미적인 연관성이 없는데 소리가 같은 것을 동음어라고 부른다는 것을 살펴보았습니다. 실제로 국립국어원의 표준국어대사전에서도 전깃불을 켜는 것과 바이올린을 켜는 것을 동음어로 분류하고 있습니다.

<그림 9> (성냥불) 켜다

하지만 전깃불 문화가 생기기 이전의 불 문화를 생각해보세요. 성냥불이나 부싯돌을 켜는 장면을 생각해보세요. 바이올린처럼 문지르는 동작이 있습니다. 성냥을 켜는—즉, 문지르는—동

작을 통해 불을 밝힙니다. 부싯돌이나 성냥 문화에서 전깃불 문화로 바뀌었음에도 불구하고 '켜다'란 표현은 변화가 없었습니다. 즉, 언어의 보수성으로 인해 '전깃불을 켜다'란 표현이 의미적으로 불투명하게 된 것입니다.

영어에서 버스, 기차, 배, 비행기 등의 탈것(vehicle)에 타는 행위를 'get on'이라 표현합니다. 그런데 아래의 예에서 'get on'은 의미적으로 투명한가요?

(6) He <u>got on</u> the bus/train/ship/airplane.

<그림 10> get on (the bus)

'get on'이란 표현은 무엇인가의 위(on)로—또는 표현에 붙도록—이동하다(get)의 의미입니다. 위의 예문에 제시된 탈것—즉, 교통수단

一에 탈 때에는 모두 안(in)으로 이동(get)합니다. 그렇다면 위에서 'get on' 대신에 'get in'을 사용하여야 하지 않을까요? 위의 예문에서 'get on'은 의미적으로 투명해보이지 않습니다. 왜 의미적으로 투명하지 않은 표현을 사용할까요?

앞에서 살펴본 'turn on'과 '켜다'의 경우에서처럼, 'get on'의 경우도 이 표현이 사용되기 시작할 때의 문화를 생각해볼 필요가 있습니다. 버스나 기차와 같은 문화가 나오기 이전의 교통문화를 생각해볼까요? 우리는 예전에 이동수단으로 말(horse)을 사용하였습니다.

<그림 11> get on (the horse)

그렇다면 말을 타는 행위를 생각해볼까요? 말 위(on)로 이동(get)하는 것이니까 'get on'이란 표현이 적합한 표현이겠지요. 'get on'이란 표현은 말을 타는 행위를 나타낼 때는 매우 의미적으로 투명한

표현입니다. 그런데 이동수단이 문화가 말에서 다른 버스나 기차로 바뀌었음에도 불구하고 언어표현은 변함없이 'get on'을 사용함으로써 의미적으로 불투명한 표현이 되고 말았습니다.

한국어에서도 '타다'란 표현이 있습니다. 이 표현도 원래는 말을 타는 행위를 나타내었지만, 자동차 문화로 바뀌고 난 뒤에도 계속해서 '차/기차를 타다'와 같이 사용합니다.

☞ 혹시 소설이나 다른 글을 읽다가 "He got in the bus."와 같은 표현을 본 적이 있습니까? 이 표현은 버스가 낡아서 더 이상 교통수단으로 사용하지 않는 방치된 버스로 들어갔다는 의미로 사용할 수 있습니다. 예를 들어, 강도가 경찰의 추격을 피해 폐차된 버스 안으로 숨어들어 가는 경우에 이 표현을 사용할 수 있습니다. 왜냐하면 이런 버스는 교통수단이라기보다는 (이동이 불가능한) 단순한 공간 안으로 들어가는 것으로 볼 수 있기 때문입니다. 이런 현상은 한국어에서도 발견됩니다. '타다'라는 표현은 교통수단으로서 버스를 이용할 때만 사용합니다. 폐차되어 운행되지 않는 버스를 탄다고는 하지 않습니다. 대신에 버스 안으로 들어갔다는 표현을 사용합니다.

지금까지 의미적으로 투명하지 않은 표현이 발생하는 이유에 대해 살펴보았습니다. 의미적으로 불투명한 표현을 접하게 되면 마치 커튼이 쳐진 채 방에 갇혀있는 것처럼 사람들은 답답합니다. 바깥 세상을 내다보기 위해 커튼을 걷듯이 우리도 의미적으로 불투명한 표현을 접하게 되면 투명해지려는 노력을 합니다. 투명해지려는 노력에는 어떤 것이 있는지 아래에서 살펴보도록 하겠습니다.

3.2.1.4. 의미를 찾아서: 투명해지려는 노력

사람들은 의미적으로 불투명한 표현을 접하게 되면 불투명한 가운데서도 투명해지도록 나름대로의 의미를 찾으려고 노력을 합니다. 그러한 노력을 아래에서는 두 가지—즉, 민간어원(folk etymology)과 기의에 맞는 새로운 표현을 찾으려는 노력—으로 나누어 살펴보도록 하겠습니다.

3.2.1.4.1. 민간어원

사람들은 의미적으로 불투명한 표현을 듣게 되더라도 그 표현에서 무엇인가 의미를 찾으려는 노력을 하게 됩니다. 그런데 그 노력이 너무 과하여 과학적인 근거에 기초한 것이 아니라 나름대로의 논리대로 해석하는 것을 민간어원이라 합니다. 아래 러시아의 단어를 예로 들어보겠습니다.

(7) a. partizan '편파적인, 열렬한 지지자'
  b. kotjebi '부랑자'

생소한 러시아어의 단어는 의미적으로 투명하지 않습니다. 그래서 사람들은 나름대로 익숙한 모국어에서 도움을 찾습니다. 그래서 위의 두 단어는 각각 '빨치산'과 '꽃제비'가 되었습니다. 좀 더 자세히 설명하면, (7a)의 'partizan'은 원래 '편파적인, 열렬한 지도자'의 의미를 지닌 러시아어이지만, 의미적으로 불투명하므로 사람들이 나름대로 해석을 합니다. 앞부분의 'par'는 공산주의를 상징하는 빨간색 깃발이 떠오르고, 뒷부분의 'zan'은 게릴라 활동을 하는 근거지인 '산'이 떠오릅니다. 그래서 과학적인 근거는 없지만 사람들이 나름대로 원래의 단어를 재분석(reanalysis)하여 의미적으로 투명한 '빨치산'이 되었습니다. (7b)의 'kotjebi'는 원래 '부랑자'의 의미를 지닌 러시아어입니다. 의미적으로 수긍이 가지 않는 이 표현을 사람들이 나름대로 해석을 해서, 앞부분의 'ko'는 청소년의 상징이 될 수도 있는 '꽃'으로 그리고 뒷부분의 'tjebi'는 한 곳에 정착하지 않고 떠돌아다니는 철새인 '제비'로 원래의 단어를 재분석하여 '꽃제비'란 표현이 생기게 되었습니다.

영어의 'crayfish'란 표현이 어떻게 생겨나게 되었을까요? 원래이 말은 프랑스어인 'écrevisse'에서 온 말입니다. 프랑스어를 모르는 영어 화자들에게는 의미적으로 불투명한 단어입니다. 따라서 사람들이 의미적으로 투명하게 하려는 노력으로 나름대로 해석을 합니다. 뒷부분의 'visse'는 물에 사는 동물이란 생각에 'fish'로 원래프랑스어의 단어를 재분석하여 'crayfish'가 생겨나게 되었습니다.

☞ 필자의 학교에 캐나다 출신의 'Stoneham'이란 성을 가지신교수님이 있습니다. 이 성은 '스토넘'처럼 발음하여야 하는데, 대부분의 학생들은 '스톤햄'이라고 부릅니다. 이렇게 잘못된 발음을 하는 데에는 학생들이 민간어원으로 재분석하였기 때문입니다. 앞부분의 'stone'은 '돌'의 의미를 지닌 단어로 그리고 뒷부분의 'ham'은 음식재료인 '햄'의 의미로 원래의 단어를 재분석하여 '스톤햄'으로 발음하는 것입니다.

민간어원에 기초해 원래의 단어를 재분석함으로써 새로운 단어를 만들기도 합니다. 아래의 단어를 예로 들어봅시다.

(8) hamburger, cheeseburger; 김치버거, 밥버거

<그림 12> 김치버거

'Hamburg'는 원래 독일의 주요 항구 도시의 이름이고, 'Hamburger'는 'Hamburg 사람' 또는 'Hamburg에서 만든 상품'을 뜻하는 단어입니다. 처음에는 'Hamburg에서 만든 샌드위치'란 의미의 'hamburger sandwich'란 표현을 사용하였는데 짧게 표현하여 'hamburger'란 표현으로 통용되기 시작했습니다. 여기에서 민간어원에 기초한 재분석이 일어납니다. 지명이름에서 비롯된 'Hamburger'를 사람들이 나름대로의 생각으로 앞부분의 'ham'을 음식재료 '햄'으로, 뒷부분의 'burger'를 '빵'으로 재분석을 하게 된 것입니다.

(9)   hamburger

⇩   재분석

ham(햄) + burger(빵)

이런 재분석이 일어나자 치즈를 넣은 빵은 'cheeseburger'가 되고, 김치와 밥을 넣으면 각각 '김치버거'와 '밥버거'가 되겠지요. 이런 식으로 다양한 버거의 이름이 새로 생겨나게 되었습니다.

한국어에도 이와 유사하게 재분석을 통해 새로운 단어가 만들어지는 예를 살펴보겠습니다. '초딩, 중딩, 고딩, 대딩'이란 단어는 각각 '초등학생, 중학생, 고등학생, 대학생'이란 의미로 사용되는 속어(slang)입니다. 그런데 이런 단어가 어떻게 만들어지게 되었을까요? 동음어나 발음이 비슷한 다른 단어로 바꾸어 말하는 말장난(pun)이 있습니다. 예를 들면, '당연하지'란 말 대신에 '당연'과 비슷한 '당근(carrot)'을 사용하여 '당근이지'라고 말장난을 칩니다. 위의 단어들도 이와 같은 말장난에서 시작됩니다. '고등학생'을 발음이 비슷한 '고등어(mackerel)'로 바꾸어 사용하다가 점차 발음이 짧아져서 '고딩'이 되었습니다. 여기에서 민간어원에 기초한 재분석이 일어납니다. '고'를 '고등'으로 '딩'을 '학생'으로 재분석하게 됩니다. 이런 재분석의 결과로 초등학생, 중학생, 대학생은 각각 '초딩, 중딩, 대딩'이라는 새로운 단어가 생겨나게 되었습니다.

지금까지 의미적으로 불투명한 표현에서 사람들이 의미를 찾아 민간어원으로 재분석하는 현상에 대해 살펴보았습니다. 아래에서는 새로운 문화에 맞는 새로운 표현을 찾아 사용하는 현상에 대해 살펴보겠습니다.

3.2.1.4.2. 새로운 표현

영어의 'turn on'이 전구에 달린 스위치를 돌려(turn)서 전선을
연결(on)되도록 하면 불이 켜는 문화에서는 의미적으로 투명한 표
현이 된다는 것을 앞에서 살펴보았습니다. 그런데 이제는 문화가
바뀌어 아래 그림과 같은 스위치를 이용하게 되었습니다. 이런 스
위치를 사용하는 문화에서는 'turn on'이 더 이상 의미적으로 투명
하지 않습니다.

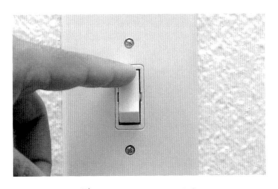

<그림 13> turn on vs. switch on

의미적으로 투명하지 않다는 자각을 하게 되면 사람들은 투명한 표
현을 찾으려고 노력합니다. 그래서 스위치를 이용하여 켠다는 의미
에서 'turn' 대신에 'switch'를 사용하여 'switch on'이란 새로운 표
현을 만들게 됩니다. 마찬가지로 가벼운 접촉(touch)만으로 켜는 행
위를 의미적으로 투명하게 표현하기 위해 새로운 'touch on'이라는
새로운 표현을 만들어 사용합니다.

지금까지 의미적 투명성과 관련된 언어현상에 대해 살펴보았습

니다. 아래에서는 (의미적 투명성과 관계없이) 기의를 새로운 다른 기표로 표현하는 언어현상에 대해 살펴보도록 하겠습니다.

3.2.2. 새로운 기표를 찾아서

개인이나 단체가 이름을 개명하는 경우를 종종 봅니다. 개명을 하는 이유는 무엇이며 개명을 기호학 혹은 언어학의 입장에서 어떻게 이해할 수 있는지 살펴보겠습니다.

3.2.2.1. 명시적 의미 vs. 암시적 의미

기표에 나타내는 기의를 크게 두 가지 의미—즉, '명시적 의미(denotation)'와 '암시적 의미(connotation)'—로 나눌 수 있습니다. 명시적 의미란 문자적(literal) 또는 사전적 의미를 말하는 반면, 암시적 의미란 느슨하게 연상되는 의미를 말합니다. 명시적 의미와 암시적 의미의 구분을 '뱀(snake)'을 예로 들어 설명하겠습니다. 뱀의 명시적 의미는 몸은 원동형으로 가늘고 길며, 다리가 없고 피부는 비늘로 덮여있는 파충류의 동물과 같은 것인 반면, 뱀의 암시적 의미는 위험이나 사악함이 됩니다. 기표가 나타내는 기의의 두 가지 의미를 함께 도식화하면 아래 그림과 같습니다.

<그림 14> 기표와 명시적 및 암시적 의미

개명을 하는 이유는 무엇일까? '칠복'이란 이름을 가진 소년이 있다고 합시다. '칠복'이라는 기표가 나타내는 명시적 의미는 특정 소년을 말합니다. '칠복'이란 이름의 암시적 의미는 다소 촌스러움 이라는 것입니다. '칠복'이란 이름을 들었을 때, 우리는 칠복이라는 특정 소년을 떠올리는 동시에 촌스럽다는 이미지도 함께 떠올립니다. 이런 촌스러운 이미지에서 탈피하기 위해 칠복이란 이름 대신에 새로운 세련된 이름을 원하는 것입니다. 하지만 개명을 하더라도 바뀌지 않는 것이 있습니다. 네, 바로 칠복이라는 특정 소년은 바뀌지 않습니다. 정리하면, 개명을 하는 이유는 기표가 갖는 나쁜 암시적 의미를 탈피하기 위한 것입니다. 하지만 새로운 이름으로 부른다고 해서 명시적 의미가 함께 바뀌는 것은 아닙니다. 명시적 의미에 대한 기표만 바뀔 뿐입니다.

3.2.2.2. 완곡어법

일상생활에서 피하고 싶은 말들이 있습니다. 이런 표현들은 대체로 죽음, 배설물, 성(sex)과 관계된 표현들입니다. 사회적으로 금기시되거나 피하고 싶은 표현을 부드럽게 돌려서 표현하는 것을 '완곡어법(euphemism)'이라 부릅니다. 예를 들어, '변소' 대신에 사용하는 '화장실' 그리고 '죽다' 대신에 사용하는 '돌아가시다'는 완곡어법의 예입니다. 우리는 왜 완곡어법을 사용할까요? '변소'와 '화장실' 둘 다 동일한 명시적 의미를 지니지만, '변소'가 갖는 암시적 의미—예를 들면, 악취와 불결—와의 연상을 끊기 위해 더 좋은 암시적 의미—예를 들면, 화장품의 향기—를 떠올릴 수 있는 '화장실'이라는 완곡한 표현을 사용하는 것입니다. 같은 명시적 의미를 지니더라도 '변소'보다는 '화장실'이란 표현이 더 세련되게 들리는 이유는 '화장실'이 갖는 암시적 의미가 다르기 때문입니다.

지금까지 약속과 관련된 언어현상을 두 가지 주제로 나누어 살펴보았습니다. 먼저 의미적 투명성과 관련된 언어현상을 살펴보고, 다음으로 새로운 기표를 찾는 언어현상에 대해 살펴보았습니다. 아래에서는 기업이나 상품의 이름과 관련된 언어현상에 대해 따로 살펴보겠습니다.

3.3. 새로움의 추구

동료들과 식사를 한 후 '카페라테' 한 잔 어떠세요? 그런데 '카페라테'란 단어의 뜻이 무엇인지 아시나요? '카페라테'란 이탈리아어로 '커피'의 의미를 가진 '카페'와 '우유'의 의미를 지닌 '라테'가 합쳐진 복합어입니다. 영어로는 '밀크커피', 한국어로는 '우유커피'란 뜻입니다. 여러분은 '밀크커피'나 '우유커피'를 3-4천원이나 내고 마실까요? '카페라테'나 '밀크커피' 모두 같은 명시적 의미―즉, 우유를 탄 커피―를 지녔습니다. 하지만 '카페라테'란 표현이 훨씬 세련되게 들립니다. 사람들에게는 너무 친숙한 것에서 탈피하여 새로운 것을 추구하려는 욕구가 있습니다. 익숙한 '밀크' 보다는 '라테'라는 표현을 선호하는 현상도 이런 욕구와 관련이 되어있다고 할 수 있습니다. '우유고구마'보다는 '고구마라테'가 이런 욕구를 더 충족시켜줍니다.

우리나라의 승용차 중에서 '에쿠스'란 고급차종이 있습니다. 그런데 '에쿠스'는 라틴어 'equus'란 단어에서 유래했는데, 그 의미는 '말(horse)'입니다. 여러분은 이 고급차종의 브랜드명이 '말'이라면 거금을 들여 구입하겠습니까? '에쿠스'나 '말'이나 같은 명시적 의미를 지니지만 두 단어가 갖는 암시적 의미는 다릅니다. 이런 명시적 의미와 암시적 의미가 서로 다를 수 있다는 것을 광고 제작자들은 잘 알고 브랜드명을 정할 때 잘 활용합니다.

기업의 이름을 외국어로 바꾸는 현상도 항상 새로움을 추구하는 소비자의 욕구를 충족시키기 위해 광고제작자들이 더 좋은 암시적 의미를 지닌 표현으로 바꾸는 것으로 이해할 수 있습니다. 여러 유수 기업들 중에서 몇 개의 예만 살펴봅시다. 아래 그림에 제시된 기업의 로고를 보세요.

<그림 15> 국내 기업들의 로고

위 로고에 기업의 이름이 적혀있습니다. 하지만 이 이름들은 이 기업들이 발전하면서 새롭게 가진 이름들입니다. 위 그림에 제시된 순서로 원래의 기업 이름을 제시하면 다음과 같습니다.

(10) a. 럭키금성 > LG

　　 b. 제일제당 > CJ

　　 c. 동부(화제) > DB

　　 d. 포항제철 > POSCO

　　 e. 농업협동조합 > NH농협

첫째, 'LG'는 '럭키(Lucky)'와 '금성(GoldStar)'이란 두 회사를 합병하면서 두 회사 이름의 첫 철자를 합쳐서 만든 이름입니다. '럭키금성'이란 이름보다는 'LG'가 더 세련되게 들립니까? 둘째, 'CJ'는 '제일제당'이란 영어 이름인 'Cheil Jedang'의 첫 철자를 합쳐서 만든 이름입니다. 설탕을 만드는 사업에서 더 다양한 사업 분야로 기업을 확장하면서 새로운 이름을 지은 것입니다. 참고로 로고의 빨강은 건강을, 주황은 즐거움을, 그리고 파랑은 편리를 상징한다고 합니다. 셋째, 'DB'는 '동부화재'의 '동부' 두 글자의 첫 발음을 영어로 표기한 것입니다. 보험업에서 더 다양한 업종을 거느린 큰 기업으로서의 이미지를 내세우기 위해 새롭게 지은 이름입니다. 넷째, 'POSCO'는 원래 포항을 근거지로 한 제철소로 '포항제철'이란 이름을 가졌으나 기업이 커짐에 따라 다른 도시에도 계열 제철소가 생기고 해외로 수출물량도 늘어나 글로벌기업의 이미지를 나타내기 위해 영어 이름으로 개명한 것입니다. 다섯째, 'NH'라는 이름도 '농협'이라는 두 글자의 첫 발음을 영어로 옮겨서 지은 이름입니다. '농협'이 원래 '농업협동조합'이 갖던 사업 영역을 금융업 등 기업의 사업영역을 넓힌 데에 따라 새로운 이미지를 소비자들에게 심어주고자 바꾼 새로운 이름입니다.

기업의 이름을 변경하는 것은 기업이 발전함에 따라 새로운 기업 이미지를 갖고 싶고, 그런 이미지를 개선하기 위한 방법으로 새로운 기표를 찾는 현상이라고 볼 수 있습니다. 요즘은 영어나 다른 외국어에 대해 거부감이 없을지 모르겠지만, 이전에는 외국어를 과도하게 사용하는데 대한 거부감이 사회 전반적으로 있었던 적이 있습니다. 하지만 기업의 입장에서는 기업이나 브랜드의 이미지를 바꾸는 데에 가장 효과적인 방법이 기표를 변경하는 것입니다. 새로운 것을 추구하는 소비자의 욕구를 생각하면 외국어의 사용을 막무가내로 비난할 수만은 없겠습니다. (아휴! 글을 쓰는데 고생했으니까 '카페라테'나 한 잔 해야겠다!)

4번째 이야기

어울림

4.1. 쿠팡과 기업 혁신

4.2. 언어에서의 어울림

    4.2.1. 연어(collocation)

    4.2.2. 코퍼스

4.3. 정보화와 Big Data

4.1. 쿠팡과 기업 혁신

여러분이 속한 단체에 구성원이 30명이라고 가정해봅시다. 여러분은 점심식사를 30명과 골고루 함께 합니까? 아니면 소수의 친한 친구와 주로 어울려서 식사를 합니까? 아마 후자일 가능성이 높을 것입니다. 어울리는 사람들끼리 주로 어울리는 것이 사회생활에서 일반적인 현상입니다. 이런 어울림 현상과 한 기업의 혁신과 관련된 얘기를 아래에서 하고자 합니다.

'총알배송'으로 알려진 '쿠팡(Coupang)'이라는 기업이 어떻게 혁신을 이루었는지 살펴보겠습니다.

<그림 1> 세계의 50대 혁신적인 기업으로 선정된 쿠팡

2013년 기준으로 봤을 때 국내 '소셜커머스(social commerce)' 기업들 가운데 3위에 불과하였습니다. 그런데 2년 뒤 쿠팡은 23배의 성장을 보이며 업계에서 압도적인 1위의 실적을 보였습니다. 이런 성과로 인해 2016년, MIT Technology가 선정한 전 세계의 50개의 혁신적인 기업에 44위로 이름을 올렸습니다. 삼성도 LG도 아닌 기업이 선정되어 우리를 놀라게 했습니다. MIT Technology는 깜짝 놀랄만한 기술이 있는지, 그리고 기업의 사업 모델이 혁신적인지 두 가지에 초점을 두고 심사를 합니다.

주문한 제품을 바로 다음 날 배송하는 소위 로켓배송 시스템을 갖추었고, 배송 시 고객의 요청을 일대일 고객에 맞는 대응을 하며 이런 고객의 데이터를 기록하여 다음 주문에도 더 나은 서비스를 제공하여 고객의 만족도를 높였습니다. 그런데 여기서 주목하고자 하는 것은 바로 로켓배송 시스템입니다. 혁신은 물류시스템에서 이루어졌습니다. 물품을 종류별 및 항목별로 배치해놓았던 것을 주문자의 특성을 면밀하게 분석하여 새롭게 배치하는 혁신을 이루었습니다. 예를 들면, 여성 고객의 경우 여성용품과 함께 식품과 아기용품을 함께 찾는다는 사실을 발견하고 배송에 편리하도록 이들을 함께 배치하였던 것입니다. 우리가 식사를 할 때 어울리는 사람들끼리 주로 어울리듯이, 인터넷 쇼핑을 할 때도 주문이 함께 이루어지는 물품들이 있다는 것을 알고 배송에 편리하도록 배치한 것이 바로 로켓배송을 가능케 만든 가장 중요한 비결인 것입니다. 아래에서는 언어에서 나타나는 어울림 현상에 대해 살펴보겠습니다.

4.2. 언어에서의 어울림

여기서는 특정한 단어들끼리 잘 어울리는 현상과 이런 현상들을 쉽게 발견할 수 있는 도구에 대해 알아보겠습니다.

4.2.1. 연어(collocation)

연어는 특별하게 잘 어울려 나타나는 일련의 단어들을 말합니다. 한국의 예를 들어보겠습니다. '을/를'로 표시되는 목적어 명사 뒤에 따라올 수 있는 동사는 이론적으로 무사히 많을 수 있습니다. 하지만 특정 목적어 명사가 주어지면 뒤따라 올 수 있는 동사도 매우 제한적일 수 있습니다. '주사위를'이란 표현과 어울리는 동사를 생각해보세요. 다른 동사를 제시하는 경우도 있을 수 있지만 대체로는 아래와 같은 두 동사를 떠올릴 것입니다.

(1) a. 주사위를 던지다.

b. 주사위를 굴리다.

국립국어원 언어정보 나눔터에서[1] 이와 관련된 정보를 얻을 수 있습니다. 언어정보나눔터에서 조사해보면, '주사위'와 어울리는 문장이 41개가 발견되는데 그 중에서 '던지다'와 어울리는 문장이 24개(58.5%)에 달하고, '굴리다'와 어울리는 문장이 4개(9.8%)입니다. 그 외에는 '들다, 쥐다, 담다' 등과 같은 동사 15개와 어울리는 문

---

1) 국립국어원 언어정보나눔터 홈페이지.
   https://ithub.korean.go.kr/user/main.do

장이 각각 1개입니다. 수많은 동사들 중에서 '주사위'와 어울리는 동사의 종류는 17개이고, 그 중에서도 빈도의 절반 이상이 '던지다'와 어울립니다.

국어의 다른 예를 들어보겠습니다. '배짱'이란 단어와 어울리는 동사에는 어떤 것이 있을까요? 아래의 예는 '배짱'과 가장 빈번하게 어울리는 동사 순서대로 정리한 것입니다. 아래의 예에서 괄호 속의 숫자는 빈도와 백분율입니다.

(2) a. 배짱을 부리다. (15/44; 36.4%)
    b. 배짱을 가지다/지니다. (9/44; 20.5%)
    c. 배짱을 튕기다. (3/44; 6.8%)
    d. 배짱을 내밀다. (2/44; 4.5%)

위에 제시된 다섯 동사가 수많은 동사들 중에서 '배짱'과 어울리는 동사 전체의 65.9%에 달합니다.

그런데 이런 연어들을 발견하는 것이 나의 일상생활과 어떤 관련이 있을까요? 특정 단어들끼리 잘 어울리는 현상을 발견함으로써 내 삶에 어떤 편의를 제공할까요? 스마트폰으로 문자메시지(text message)를 작성하는 장면을 생각해보세요. '주사위를'까지 입력하면 그 다음에 나올 동사가 '던지다'가 될 확률이 58.5%에 달합니다. 그렇다면 스마트폰에서 '던지다'―다른 빈도 높은 동사들도 함께―를 제시해주는 기능이 있다면 여러분은 일일이 입력할 필요 없이 간단하게 선택만 해서 문자메시지를 쉽게 완성할 수 있겠지요.

아직은 스마트폰에 이런 기능은 없는 것 같습니다. 이런 지식들이 쌓이면 좀 더 완벽한 자동통역기와 번역기를 만드는 데에도 일조를 할 것입니다.

단어들끼리 어울리는 이런 연어의 예를 영어에서도 찾아볼까요? 'strong'과 'powerful'은 둘 다 '강하다'는 의미로 유의어(synonym)로 분류할 수 있습니다. 하지만 이 형용사들이 어울릴 수 있는 명사는 서로 다를 수 있습니다. 예를 들어, 'coffee'와 'computer'는 각각 어떤 형용사와 더 어울릴까요? (아래 예문에서 '*'는 원어민이 사용하지 않는 표현을 의미합니다.)

(3) a. strong coffee

b. *powerful coffee

(4) a. strong computer

b. powerful computer

'coffee'는 'strong'과 잘 어울리지만 'powerful'과는 어울리지 않습니다. (참고로, 'strong coffee'란 '진한—즉, 향기 강한—커피'를 뜻합니다.) 반면 'computer'는 'strong'도 어울리기는 하지만 'powerful'과 더 잘 어울립니다. 이처럼 의미적으로 유사하지만 단어끼리의 어울림에서는 차이를 보일 수 있습니다.

유의어가 어울리는 연어에서 차이를 보이듯이, 반의어(antonym)도 연어에서 차이를 보입니다. 'expensive'와 'cheap'은 각각 '비싼'

과 '싼'의 의미를 지닌 반의어입니다. 그런데 이 반의어와 어울리는 명사에서는 차이를 보입니다. 다음 절에서 말뭉치(corpus)에 대해 자세히 살펴보겠지만, 가장 널리 이용되는 영어 말뭉치인 Corpus of Contemporary American English(앞으로 COCA로 약하여 칭함)에서[2] 조사해본 결과, 'expensive'와 'cheap'과 어울리는 명사들 중에서 빈도가 높은 상위 10개의 단어는 다음과 같습니다.

(5) a. expensive의 명사 연어

car, way, equipment, proposition, homes, clothes, suit, process, items, restaurants

b. cheap의 명사 연어

labor, shot, oil, way, trick, seats, energy, plastic (toy etc.), wine, hotel

위 (5)에서 흥미로운 것은 두 형용사의 명사 연어 총 20개 중에서 겹치는 단어는 하나도 없다는 점입니다. 반의어이기 때문에 어울리는 명사가 서로 같을 가능성도 있지만 실제로는 어울려서 사용되는 단어가 매우 다르다는 사실을 보여줍니다. (참고로, 위의 예에서 이해가 힘들 수 있는 추상명사의 경우 설명을 덧붙이면 다음과 같습니다. 'expensive way/proposition/process'는 각각 '비용이 많이 드는 방법/문제/처리과정'을 뜻하고, 'cheap labor/shot'은 각각 '값싼 노동력/비열한 짓'을 뜻합니다.)

---

2) COCA 홈페이지.
   https://corpus.byu.edu/coca/

위의 예 (5)에서 두 형용사와 어울려서 사용되는 구체적인 명사에 대해 한 가지 생각을 덧붙이자면 다음과 같습니다. 'expensive'와 어울리는 명사는 '자동차, 장비, 집, 옷, 양복, 품목, 식당'인데 반해, 'cheap'과 어울리는 명사는 '기름, 좌석, 에너지, 플라스틱(장난감), 포도주, 호텔'입니다. 이들 사이에는 어떤 차이점이 있을까요? 자동차, 집, 의류, 장비 등은 비싸더라도 그만한 값어치가 있고 비싼 것을 소유하는 것이 자랑이 될 수 있을 만한 것들입니다. 하지만 에너지, 장난감, 좌석, 포도주, 호텔 등은 소유라는 개념보다는 소비의 개념과 가까운 일회성 제품입니다. 이렇게 개별 제품들을 보고 일반화(generalization)를 시켜보면 우리가 사용하는 언어를 통해 소비자들의 생각을 엿볼 수 있지 않을까요? 소유의 개념에 가까운 제품과 소비의 개념과 가까운 제품이 있습니다. 여러분들이 회사의 경영자라면 어떤 제품을 더 고급화하고 또 어떤 제품을 더 가격 경쟁력이 있도록 만들까요?

우리가 연어 관계에 있는 단어들에 대해 일반화함으로써 얻을 수 있는 이점에 대해 한 가지만 더 알아보겠습니다. 영어의 'win'과 한국어의 '이기다'를 같은 의미로 생각하는 사람들이 많습니다. 그런데 자세히 보면 두 동사가 목적어로 취할 수 있는 명사에서 차이를 보입니다.

(6) 'win'의 목적어 연어

    a. He won the fight/match/game/election.

    b. He won the prize/medal/lottery/freedom.

    c. *He won the opponent/adversity/cold/sorrow.

(7) '이기다'의 목적어 연어

    a. 그는 싸움/경기/게임/선거를 이겼다.

    b. *그는 상/메달/복권/자유를 이겼다.

    c. 그는 상대방/역경/추위/슬픔을 이겼다.

위의 예에서 제시된 목적어 연어를 세 종류로 나누어 볼 수 있습니다. 첫째는 'win'과 '이기다' 두 동사와 모두 어울리는 명사입니다. 이 부류에 속한 명사는 '싸움, 경기, 게임, 선거'입니다. 둘째는 'win'과는 어울리지만 '이기다'와는 어울리지 않는 명사입니다. 이 부류에 속한 명사는 '상, 메달, 복권, 자유'입니다. 셋째는 '이기다'와는 어울리지만 'win'과는 어울리지 않는 명사입니다. 이 부류에는 '상대방, 역경, 추위, 슬픔'이 속합니다. 이 세 부류에 속한 명사들을 어떻게 일반화할 수 있을까요?

    김은일(2018)이 보여주듯이, 'win'과 '이기다'는 모두 경쟁을 밑바탕에 둔 개념입니다. 경쟁을 생각해보면 세 가지 요소를 생각할 수 있습니다. 첫째는 '경쟁상대'입니다. 경쟁을 한다는 것은 경쟁상대가 존재한다는 것을 의미합니다. 둘째는 경쟁을 통해서 얻는 '상'입니다. 경쟁을 하는 이유는 경쟁에서 이겼을 때 얻을 수 있는 보상이 있기 때문입니다. 셋째는 '경쟁분야'입니다. 어떤 상을 얻기 위해 경쟁상대와 벌이는 경쟁이 실제로 일어나는 분야를 말합니다. 이 세 가지 경쟁요소를 생각하고 위의 예 (6-7)에서 제시된 목적어 연어를 다시 살펴보세요. 'win'과 '이기다'의 공통 연어로 사용되는 목적어는 모두 '경쟁분야'에 속한 명사들—예, 싸움, 경기, 게임, 선거—입니다. 'win'의 연어로만 사용되는 목적어는 모두 '상'에 속한 명사들입니다. 예를 들면, 경쟁을 통해 이겼을 경우 얻거나 받게 되는 상, 메달, 복권, 자유 등입니다. 그리고 '이기다'의 연어로만 사용되는 목적어는 모두 '경쟁상대'에 속한 명사들입니다. '상대방'뿐만 아니라 '역경, 추위, 슬픔'도 경쟁상대가 될 수 있습니다. 예를 들어, "그가 추위를 이겼다."는 말은 '그'가 '추위'와 경쟁해서 경쟁자인 '추위'를 물리쳤다는 뜻입니다. 정리하자면, 'win'은 '경쟁분야'와 '상'에 속한 명사들만 어울리는 반면, '이기다'는 '경쟁분야'와 '경쟁상대'에 속한 명사들만 어울립니다. 다르게 표현하면, 'win'은 '경쟁상대'와는 절대 어울리지 않고 '이기다'는 '상'과는 절대로 어울리지 않는 특징을 보입니다.

이런 일반화를 통해서 우리는 어떤 특징을 지닌 명사들이 'win'과 '이기다'의 목적어가 될 수 없는지 이해할 수 있습니다. 하지만 일반화를 하지 않은 상태에서는 영어와 한국어의 차이점을 쉽게 파악할 수 없습니다. 사전에는 일반화되지 않은 예들만 나열할 뿐입니다. 이렇게 일반화되지 않은 정보만으로는 정확한 사용법을 알기가 힘이 듭니다. 참고로, 위의 (6c)와 (7b)가 올바른 문장이 되기 위해서는 아래 (6c)'와 (7b)'처럼 다른 동사를 사용하여야 합니다.

(6c)' He <u>defeated</u> the opponent/<u>overcame</u> the adversity/cold/ sorrow.

(7b)' 그는 상을 <u>탔다</u>/메달을 <u>땄다</u>/복권에 <u>당첨되었다</u>/자유를 <u>얻었다</u>.

마지막으로 등위접속사 'and'로 연결된 구(phrase)에서도 어울리는 단어들이 따로 있음을 보여주겠습니다.[3] 'ladies and', 'name and' 그리고 'beautiful and' 다음에 어떤 단어가 올 것 같습니까? 아래의 예문을 보기 전에 여러분 스스로 답해보시기 바랍니다. 아래의 예는 COCA에서 발견된 것들 중에서 빈도가 높은 순서로 정리한 것입니다.

(8) a. ladies and ...

gentlemen, children

b. name and ...

address, (phone) number, town, password, date, reputation, likeness, location, city, title

c. beautiful and ...

talented, abundant, smart, elegant, interesting, sexy, mysterious, wonderful, brilliant, graceful

지금까지 단어들끼리 자주 어울리는 현상인 연어를 한국어와 영어의 예를 통해 살펴보았습니다. 아래에서는 이런 언어의 어울림 현상을 어디에서 어떻게 발견할 수 있는지 소개하도록 하겠습니다.

4.2.2. 코퍼스

예전에는 연어와 관련된 연구가 활발하지 못했습니다. 이렇다 할 데이터베이스(database; 이하 DB로 약함)가 없어서 연구자의 직관

---

3) 등위접속사 'and'와 관련해서 영어공부에 도움이 될 많은 자료는 류미령(2018)을 참조하기 바랍니다.

(intuition)에 의존할 수밖에 없었기 때문입니다. 이제는 컴퓨터기술의 발달로 훌륭한 '말뭉치' 또는 '코퍼스(corpus)'라 불리는 언어 DB를 구축할 수 있기 때문에 연어에 대한 연구가 활발하게 진행될 수 있습니다. 여러 코퍼스들 중에서 가장 널리 사용되는 대표적인 코퍼스를 소개하도록 하겠습니다.

한국어는 국립국어원 언어정보나눔터를[4] 이용할 수 있습니다. 아래 화면의 가운데에 있는 '말뭉치 찾기'에 찾고자 하는 단어나 표현을 입력하시면 됩니다.

<그림 2> 국립국어원 언어정보나눔터 홈페이지

---

4) 국립국어원 언어정보나눔터 홈페이지.
   https://ithub.korean.go.kr/user/main.do

'말뭉치 찾기'에 예를 들어 '주사위를'이란 단어를 입력한 후 돋보기 모양의 찾기 버튼을 누르면 아래와 같은 검색결과를 보여줍니다.

<그림 3> '주사위를'로 검색한 결과

　검색한 단어나 표현을 중심으로 실제 문장의 예들이 제시됩니다. 앞에서 제시한 '주사위'와 어울리는 동사 연어에 대한 소개도 이 검색결과를 바탕으로 한 것입니다. 한국어 코퍼스에서 한 가지 아쉬운 점은 아래에서 소개할 영어 코퍼스에 비해 이용할 수 있는 다양한 기능이 부족하다는 점입니다. 이용은 무료로 언제든지 가능합니다.

가장 널리 사용되는 영어 코퍼스는 앞서 소개한 COCA입니다. COCA는[5] 미국의 Brigham Young University의 Mark Davies 교수에 의해 만들어졌습니다. 회원가입 없이도 무료로 이용 가능하지만 하루에 검색할 수 있는 횟수가 제한됩니다. 무료로 회원가입이 가능하며 더 많은 검색을 할 수 있습니다. COCA의 첫 화면은 아래 그림과 같습니다.

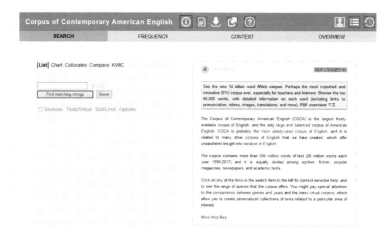

<그림 4> COCA의 첫 화면

위 화면의 왼쪽 편의 'Find matching string'이란 검색창이 보이시죠? 이 검색창에 찾고자 하는 검색어를 입력하면 됩니다. 예를 들어, 'ladies and' 다음에 어떤 표현이 오는지를 알고 싶으면 검색창에 우선 'ladies and'를 입력하세요. 그런데 여기에 더 편리한 기능이 있습니다. 검색창 오른쪽에 [POS]에 커서(cursor)를 옮겨놓고

---

5) COCA 홈페이지.
   https://corpus.byu.edu/coca/

클릭(click)을 하면 창이 활성화되어 다양한 선택을 할 수 있게 됩니다. 우리가 찾고자 하는 것은 'ladies and' 다음에 올 명사를 찾는 것이기 때문에 명사를 지칭하는 noun.All을 선택하면 됩니다. 이때 하나 주의해야할 점은 'ladies and' 다음에 스페이스바를 쳐서 커서를 한 칸 오른쪽으로 옮긴 다음에 noun.All을 선택하여야 합니다. 한 칸 띄우지 않으면 and와 붙은 단어를 찾게 됩니다. 입력과 선택을 제대로 하면 아래 그림과 같은 화면이 됩니다.

<그림 5> 'ladies and'와 |POS|를 선택한 화면

위의 화면에서 'Find matching string' 버튼을 클릭하면 다음과 같은 그림의 검색결과가 나타납니다.

<그림 6> 'ladies and' 다음에 오는 모든 명사를 찾은 검색결과

이제 한 단어로 이루어진 표현의 연어를 찾는 방법을 소개하겠습니다. 예를 들어, 'expensive'와 어울리는 명사 연어를 찾기 위해서는 아래 그림의 가운데에 위치한 'collocates'를 클릭해주세요.

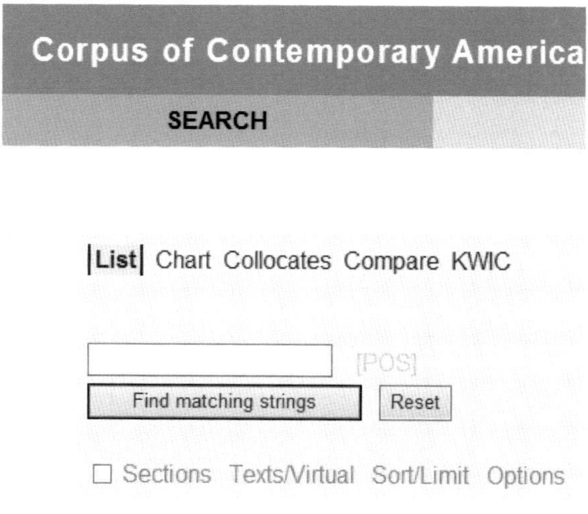

Corpus of Contemporary America

SEARCH

|List| Chart Collocates Compare KWIC

[POS]

Find matching strings   Reset

☐ Sections Texts/Virtual Sort/Limit Options

<그림 7> 연어를 검색하기 위한 'Collocates'

'Collocates'를 클릭하면 다음과 같은 화면이 뜹니다.

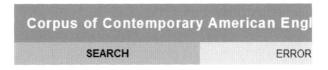

<그림 8> 연어 검색창

연어 검색창에 아래의 그림에서처럼 위의 창에 찾고자하는 검색어인 'expensive'를 입력하고 두 번째 검색창 옆에 있는 [POS]를 활성화하여 noun.All을 선택합니다. 그리고 세 번째 줄에 있는 숫자들 중에서 오른쪽 '1'을 클릭합니다. 오른쪽 숫자 1의 의미는 'expensive' 바로 다음에 오는 명사만 검색하라는 의미입니다. 만약 숫자 2를 클릭하면 'expensive' 다음 두 단어 사이에 나오는 어떤 명사라도 찾게 됩니다. 여기서는 'expensive' 바로 다음에 오는 단어를 찾는 것이기 때문에 오른쪽 숫자 1을 클릭하면 됩니다. 만약 'expensive'의 바로 왼쪽에 나오는 단어를 찾으려면 왼쪽 숫자 1을 클릭하면 됩니다.

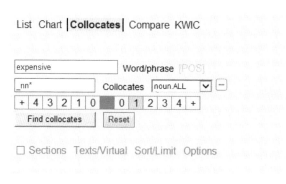

<그림 9> 검색 조건 선택

입력과 선택을 제대로 한 다음에 'Find collocates' 버튼을 클릭하면 아래 그림과 같은 검색결과가 나타납니다. 아래의 검색결과는 가장 높은 빈도를 보여주는 연어부터 순서대로 보여줍니다.

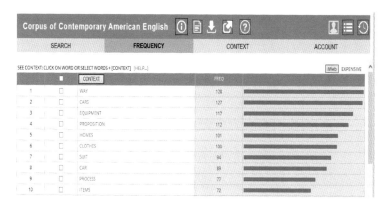

<그림 10> 'expensive'의 명사 연어 검색결과

지면 관계상 더 많은 기능을 여기서 소개할 수 없습니다. 하지만 여러분들은 다양한 방식으로 검색을 해보세요. 흥미로운 결과들을 많이 발견할 수 있을 것입니다.

4.3. 정보화와 Big Data

우리가 살고 있는 시대를 '정보화시대' 또는 '빅 데이터의 시대' 라고 부릅니다. 정보 또는 데이터가 얼마나 중요한지를 KAIST 김대식 교수의 다음 글을 통해 알 수 있습니다.

⑳ ⑳ ⑳ ⑳ ⑳ ⑳ ⑳

❈ [김대식의 브레인 스토리] [76] 사용자 정보가 돈 되는 시대[6]

1조, 3조, 20조라는 돈을 상상할 수 있을까? 수만 개 아파트, 학교, 병원은 물론이고 최첨단 항공모함 여러 대, 전투기 수백 대까지 살 수 있는 천문학적인 액수들이다. 그런데 만약 이런 돈을 들여 인수한 회사 직원이 불과 수십 명뿐이라면? 대부분 직원들은 대학을 갓 졸업한 젊은이들이며, 아직 한 번도 흑자를 내지 못한 회사라면? 당연히 너무나 무모한 일이라고 할 것이다. 아니, 불과 몇 년 전까지 상상도 할 수 없었을 일들이다. 하지만 세상은 이미 변했다. Facebook은 찍은 사진들을 공유할 수 있는 서비스를 만든 Instagram 을 1조원에 사들였고, 휴대폰으로 서로 간단히 연락할 수 있게 하는 WhatsApp을 20조원에 사들였다. Google 역시 스마트한 실내온

---

6) 조선일보의 칼럼 '김대식의 브레인 스토리 76: 사용자 정보가 돈 되는 시대'.
http://news.chosun.com/site/data/html_dir/2014/03/19/2014031904586.html

도 측정기를 개발한 Nest사를 3조5000억 원에 사들였다. 조 단위로 평가받을 만한 특별한 기술도, 지적재산도, 인력도 없는 회사들이다.

디지털 시대를 가장 잘 이해하고 이끈다는 Google과 Facebook이 모두 제정신이 아닌 걸까? 물론 그럴 수 있다. 17세기 전 세계에서 가장 발달한 금융 시스템을 가졌다는 네덜란드에서 한동안 튤립 한 뿌리가 1억 원 넘게 거래되는 '튤립 버블'이 생겼듯 말이다. 하지만 어쩌면 그들은 천문학적인 액수를 투자할 만한 무언가를 얻어가고 있는지도 모른다. 바로 '데이터'다. 땅과 공장과 주식이 19세기, 20세기식 가치의 상징이라면 21세기엔 데이터 그 자체가 부와 가치의 핵심이라는 말이다.

화폐 사용이 불가능한 감옥에선 담배가 돈 역할을 한다. 비슷하게 디지털 세상은 가치적으론 감옥 같은 구조를 가지고 있다. 디지털 생태계 내부 회사들은 돈을 벌 필요도, 흑자를 낼 필요도 없다. 최대한 많은 사용자만 확보하면 된다. 사용자는 데이터고, 디지털 세상의 수퍼 갑인 Google과 Facebook은 이렇게 모은 데이터를 실물경제에서 다시 수십, 수백 조의 현찰과 교환할 특권을 갖고 있는 것이다. 이 세상에 공짜란 없다. 다양한 무료 인터넷 서비스를 사용하는 동시에 우리는 이미 나 자신에 대한 모든 데이터를 무료로 넘겨주고 있는 것이다.

⋙ ⋙ ⋙ ⋙ ⋙ ⋙ ⋙

현대그룹을 일으킨 창업주 고 정주영 회장은 원래부터 부자였을까요? 가난한 농부의 아들로 태어나 근면함과 끈기 그리고 추진력을 바탕으로 그야말로 무에서 유를 창조한 분입니다. 부러워만 해야 할까요? 왜냐하면 정주영 회장이 무에서 창조할 수 있었던 산업화 시대는 이미 지나가버려 우리가 지금 할 수 있는 것은 아무것도 없기에...! 아닙니다. 정주영 회장이 변화의 시대를 살았듯이 우리들도 현재 4차 산업혁명이라는 더 큰 변화의 시대에 살고 있습니다. 이 변혁의 시대를 어찌 맞이해야할까요? Big Data를 어떻게 다루고 활용하느냐에 따라 여러분의 미래가 달려있다고 해도 과언이 아닐 것입니다.

5번째 이야기

묶음과 언저리

5.1. 도덕적 딜레마 & 묶음 또는 범주에 대한 생각

5.2. 세상과 언어에서의 묶음

　5.2.1. 묶음에 대한 고전적 생각: 범주화의 고전적 견해

　5.2.2. 묶음에 대한 원형적 생각: 범주화의 원형적 견해

5.3. 세상을 어떤 식으로 묶을까?

■ ■ ░

5.1. 도덕적 딜레마 & 묶음 또는 범주에 대한 생각

우리가 살아가다보면 도덕적으로 결정하기 힘이 든 경우가 생깁니다. 이런 것을 '도덕적 딜레마(moral dilemma)'라고 합니다. 아래와 같은 도덕적 딜레마에서[1] 여러분은 어떤 선택을 할 것인지 생각해보세요.

제어할 수 없는 기차가 철길을 따라 서서히 다가옵니다. 그런데 그 앞에는 다섯 명의 작업인부가 상황을 인지하지 못하고 작업을 하고 있습니다. 기차가 그대로 지나가면 다섯 사람은 목숨을 잃게 됩니다. 여러분은 우연히 철길 위로 난 육교 위를 걷고 있습니다. 그 육교의 위치는 다가오는 열차와 작업인부 사이에 있습니다. 그리고 그 육교 위 여러분 바로 옆에는 낯선 사람이 한 명 서있습니다. 여러분이 가만히 있으면 기차는 그냥 지나가고 다섯 명은 죽게 됩니다. 그들의 목숨을 살릴 수 있는 유일한 방법은 여러분 옆에 서있는 낯선 사람을 밀어서 아래에 있는 철길 위로 떨어뜨리는 것

---

[1] Pixi's Blog의 '25 Moral Dilemmas'.
  http://psychopixi.com/uncategorized/25-moral-dilemmas/

입니다. 그러면 그 사람으로 인해 기차는 멈출 수 있습니다. 대신에 그 낯선 사람은 생명을 잃게 됩니다. 다섯 명의 인부를 살리기 위해 낯선 한 명을 밀어서 떨어뜨려야 할까요?

선택하기 참 어려운 문제입니다. 하지만 이런 문제를 심사숙고해 볼 필요가 있는 문제입니다. 앞으로 AI(Artificial Intelligence; 인공지능)의 활용이 확대될수록 이런 도덕적 딜레마가 대두될 수 있습니다. 왜냐하면 사람들이 기계가 선택을 하도록 프로그래밍을 해야 하기 때문입니다. 예를 들어, 무인자동차를 설계하는데 빨간불을 무시하고 횡단보도를 다수의 행인이 길을 건너고 있습니다. 브레이크의 고장 등으로 갑자기 차를 멈출 수 없는 경우 인도로 핸들을 돌리도록 설계해야할까요? 인도를 걸어가는 보행자가 없다면 쉬운 선택일 수 있습니다. 하지만 다음과 같은 경우는 어떨까요? 예를 들어, 신호등 규칙을 잘 모르는 어린아이들 20여명이 빨간불에도 횡단보도를 뛰어갑니다. 인도에는 1명의 노숙자가 누워있습니다. 갑자기 차를 멈출 수 없는 경우 인도로 핸들을 돌리도록 설계해야 할까요?

어린 시절 '홍길동' 이야기를 듣고 감동하였습니다. 부자와 탐관오리의 재산을 빼앗아 가난한 사람들에게 나누어주는 의적에게 박수갈채를 보내던 기억이 납니다. 부자들의 재산을 빼앗아 고된 노동에도 불구하고 하루 끼니도 없어 굶주림으로 지쳐있는 가난하지만 착한 백성들에게 나누어주는 홍길동의 행위를 도덕적으로 잘한 일이라고 생각하는 사람들이 대다수일 것 같습니다. 하지만 만약 홍길동이 부자의 재산을 빼앗아 또 다른 부자들에게 나누어주었다면 홍길동의 행위를 도덕적으로 잘한 일이라고 생각하는 사람은 별로 없을 것 같습니다. 도적질하는 행위는 같더라도 누구에게 나누어주느냐에 따라 도덕성의 기준은 달라질 수 있는 것처럼 보입니다. 그런데 여기서 주목하고자 하는 것은 부자와 가난한 사람을 어떻게 구분할 수 있느냐는 것입니다. 부자가 가진 재산을 100이라고 가정해봅시다. 대부분의 사람들이 부자의 재산을 빼앗아 0을 가진 사람들에게 나누어주는 행위는 도덕적으로 문제가 없고, 이미 100을 가진 또 다른 부자들에게 나누어주는 행위는 도덕적으로 문제가 있다고 생각합니다. 그렇다면 홍길동의 행위가 도덕적으로 문제가 되지 않으려면 얼마의 재산을 가진 사람들에게 나누어주면 될까요? 부자와 가난한 사람의 경계를 어디로 정하면 될까요?

만약 사람의 목숨과 관련된 이런 극단적인 선택이 어려우면, '목숨' 대신에 '재산'이라고 생각해보세요. 부자의 재산을 또 다른 부자가 빼앗는 것은 도덕적으로 나쁜 행동일까요? 부자의 재산을 가난한 1,000명의 사람이 빼앗아 나누는 것은 도덕적으로 나쁜 행동일까요? 홍길동은 도덕적으로 나쁜 사람일까요? 만약 홍길동이 도덕적으로 나쁘지 않다면, 어느 정도 부자의 돈은 빼앗아도 될까요? 또 어느 정도 가난한 사람에게 나누어주는 것이 좋을까요? (쉽게 답할 수 있는 질문은 아닌 것 같습니다. 이런 질문에 답하기가 왜 어려운지 이번 이야기를 통해 알아보려고 합니다.)

사람들을 부자와 가난한 사람으로 나누기도 하고, 혈액형(blood type)으로 나누기도 하고, 성(gender)별로 나누기도 합니다. 이렇게 다양한 개체를 비슷한 부류끼리 묶는 것을 '범주화(categorization)'

라고 합니다. 사람들은 의식적이든 무의식적이든 끊임없이 세상을 범주화합니다. 예를 들어, 배추, 상추, 시금치, 무, 브로콜리를 하나의 묶음으로 범주화하여 채소(vegetable)라고 부릅니다. 사람들을 피부 색깔로 분류하기도 하고, 주변의 사람들을 아군(friend)과 적군(enemy) 또는 좋은 사람과 나쁜 사람으로 구분 짓기도 합니다. 세상의 만물들을 생물과 무생물로 나누고, 생물은 다시 동물과 식물로 나눕니다. 동물은 포유류, 어류, 양서류 등으로 분류합니다. 이들 모두 범주화의 예라고 할 수 있습니다. 아래에서는 세상과 언어를 범주화하는 방식에 대해 살펴보도록 하겠습니다.

5.2. 세상과 언어에서의 묶음

세상을 범주화하는 방식에는 크게 두 가지—즉, 고전모형(classical model)과 원형모형(prototype model)—가 있습니다. 아래에서 순서대로 살펴보겠습니다.

5.2.1. 묶음에 대한 고전적 생각: 범주화의 고전적 견해

간단한 수학의 문제를 생각해봅시다. '1, 2, 3, 4, 5, 6...'과 같은 자연수(natural number)를 두 개의 범주로 나눌 수 있습니다. 홀수(odd number)와 짝수(even number)로 구분하면 되겠지요. '1, 3, 5...' 등은 홀수로, '2, 4, 6...' 등은 짝수로 분류하면 되겠습니다. 이런 자연수의 경우는 범주화의 고전적 견해에 부합하는 현상입니다. 범주화의 고전적 견해가 무엇을 의미하는지 아래에서 살펴보겠습니다.

범주화의 고전적 견해는 범주란 다음과 같은 특징을 지닌다고 주장하는 것입니다.

(1) 범주화의 고전적 견해
    a. 범주의 조건: 범주에 들어가기 위한 필수적인 조건이 있다.
    b. 범주의 경계: 범주와 범주 사이의 경계는 분명하다.
    c. 구성원의 자격: 같은 범주에 속한 구성원의 자격은 모두 동등하다.

아래에서 고전적 견해의 세 가지 주장이 자연수의 범주화에 어떻게 부합하는지를 살펴보겠습니다.

첫째, '범주의 조건'에 대해 살펴보겠습니다. 자연수를 홀수나 짝수로 분류하는데 사용하는 기준이 있습니다. 자연수를 2로 나누는 것입니다. 홀수는 자연수를 2로 나누면 1이 남게 됩니다. 짝수는 자연수를 2로 나누면 아무 것도 남지 않습니다. 2로 나누어 1이 남는 것이 바로 홀수가 되는 필수적인 조건입니다. 2로 나누어 0이 남는 것이 바로 짝수가 되는 필수적인 조건입니다. 고전적 견해는 범주에 속하기 위해서는 자연수의 경우처럼 어떤 필수적인 조건을 통과해야 된다고 믿는 것입니다.

둘째, '범주의 경계'를 살펴보겠습니다. 홀수와 짝수 사이의 경계는 분명합니다. 자연수 중에서 홀수이면서 동시에 짝수도 되는 수는 없습니다. 고전적 견해는 홀수와 짝수의 경우처럼 범주와 범주 사이의 경계가 분명하다고 생각하는 것입니다.

셋째, '구성원의 자격'에 대해 살펴보겠습니다. 홀수에 속한 자연수는 2로 나누면 나머지가 1이 된다는 똑같은 특징을 지닙니다. 홀수 중에서 더 홀수 같거나 덜 홀수 같은 것은 없습니다. 고전적인 견해는 이처럼 같은 범주에 속한 구성원은 모두 같은 특징을 지닌다고 믿는 것입니다.

이런 고전적인 견해는 Plato(BC 427-BC 347)가 시작하여 Aristotle(BC 384-BC 322)가 체계화한 것으로 서양 철학의 근간을 이루는 견해입니다. 그런데 이런 고전적 견해대로 세상의 모든 것을 범주화할 수 있을까요? 고전적 견해로는 설명이 불가능하거나 어려운 예들이 다양한 세상에 존재하지 않을까요? 고전적 견해에 대한 대안으로 개발된 원형적 견해에 대해 아래에서 살펴보겠습니다.

5.2.2. 묶음에 대한 원형적 생각: 범주화의 원형적 견해

원형적 견해는 1970년대 인류학자인 Eleanor Rosch(1973)에서 시작되어 많은 다른 학문 분야에 영향을 미친 견해입니다. 범주화의 원형적 견해는 범주는 다음과 같은 특징을 지닌다고 주장하는 것입니다.

(2) 범주화의 원형적 견해
   a. 범주의 조건: 한 범주에 속한 모든 구성원들이 필수조건을 공유할 필요가 없다. 구성원들끼리 가족닮음으로 서로 관련될 수 있다.
   b. 범주의 경계: 범주와 범주 사이의 경계는 불분명하다.

c. 구성원의 자격: 같은 범주에 속한 구성원의 자격은 동등하지 않다. 어떤 구성원은 다른 구성원에 비해 좀 더 전형적이거나, 덜 전형적일 수 있다.

고전적 견해의 주장과는 달리 (2)에 제시된 세 가지 주장은 자세한 설명이 필요합니다. 따라서 세 가지 주장을 섹션별로 나누어 살펴보도록 하겠습니다.

5.2.2.1. 범주의 조건

앞서 '바둑'이 왜 문화체육관광부 '체육정책과'의 지원을 받는지에 대한 질문을 던졌습니다. '바둑'이 어떻게 '체육' 혹은 '스포츠'의 범주에 속할 수 있는 것일까요? '스포츠'라면 대부분의 사람들 머릿속에는 '축구, 농구, 야구, 탁구, 양궁, 역도' 등이 떠오를 것입니다. 이렇게 체력을 바탕으로 하는 종목들과 정신 혹은 지능적인 면이 강조되는 '바둑'이 공유하는 공통점은 찾기가 어렵습니다. 특히 '역도'와 '바둑' 사이에는 어떤 공통점도 발견하기란 쉽지 않습니다.

<그림 1> '스포츠' 범주에 속한 '역도'와 '바둑'

그럼에도 불구하고 '바둑'이 '스포츠'로 분류되어 정부 체육정책과의 지원을 받으며 아시안게임(Asian Games)에 다른 스포츠 종목과 함께 정식 종목으로 등록이 된 것일까요?

　'바둑'을 '스포츠'로 분류할 수 있는 것은 '가족닮음(family resemblance)'이란[2] 개념으로 설명할 수 있습니다. 할아버지, 아버지, 아들 이렇게 삼대의 가족이 있다고 가정합시다. 할아버지의 얼굴은 쌍꺼풀눈과 매부리코를 하고 있습니다. 아버지는 쌍꺼풀눈과 펑퍼짐한 코를 하고 있습니다. 아들은 쌍꺼풀이 없는 눈과 펑퍼짐한 코를 하고 있습니다. 할아버지와 할아버지의 손자는 눈과 코 모두 닮지 않았기 때문에 가족으로 보이지 않습니다. 하지만 아버지를 중간 매개로 놓고 보면 할아버지와 손자가 가족이란 것을 알 수 있습니다. 할아버지와 아버지는 쌍꺼풀눈을 닮았기 때문에 할아버지와 아버지가 가족이라는 것을 알 수 있고, 또 아버지와 아들은 펑퍼짐한 코를 닮았기 때문에 아버지와 아들이 가족인 것을 알 수 있습니다. 할아버지와 손자를 보면 닮은 점이 전혀 없어 보이지만, 할아버지와 손자 사이에 아버지를 세워두면 서로 닮았다는 것을 알 수 있다는 것입니다. 이런 것을 가족닮음이라고 합니다.

　이제 가족닮음의 개념을 이용해 '바둑'이 '역도'와 마찬가지로 스포츠로 분류될 수 있음을 보여주고자 합니다. '역도'와 '바둑'에서 공유되는 공통점을 찾기는 힘이 듭니다. '바둑'과 '역도'를 직접적으로 관련짓기는 힘이 듭니다. 하지만 중간에 '테니스'를 매개로

---

2) '가족닮음'이란 용어는 독일의 철학자 Nietzsche가 사용한 것으로, 언어철학자인 Wittgenstein에 의해 더 널리 알려지게 된 용어입니다.

생각해볼까요? '역도'와 '테니스'는 둘 다 체력증진을 위해 하는 운동이란 공통점이 있습니다. 물론 이 두 스포츠 사이에는 차이점도 있습니다. 역도는 혼자서 하는 운동인 반면, 테니스는 공을 가지고 상대방과 경쟁하는 운동입니다. 한 번에 공을 쳐서 상대에게 넘겨 주어야 합니다. 이제 '테니스'와 '바둑'의 관계를 생각해볼까요? '바둑'은 '테니스'와 공통된 특징이 있습니다. 즉, 상대가 있어서 그 상대와 경쟁하고, 한 번의 기회를 가진 다음 상대에게 기회를 넘긴다는 공통점이 있습니다. 물론 두 스포츠 사이에는 차이점도 있습니다. 테니스가 육체적인 게임이라면 바둑은 정신적인 게임이라는 점에서 다릅니다. 정리하자면, '역도'는 체력증진을 위한 게임이란 점에서 '테니스'와 비슷하고, '바둑'은 상대와 차례를 주고받으며 경쟁에서 이기려고 노력하는 게임이라는 점에서 '테니스'와 비슷합니다. '역도'와 '바둑'은 서로 공통점이 없지만 같은 '스포츠' 범주에 포함시킬 수 있는 것은 '테니스'를 둘 사이에 두고 볼 수 있기 때문입니다.

'역도'와 '바둑'은 '스포츠' 범주에 속하기 위한 필수조건을 공유하지 않습니다. 따라서 고전적 견해로는 왜 '역도'와 '바둑'이 하나의 범주에 속할 수 있는지 설명하기 힘듭니다. 하지만 원형적 견해로는 '역도'와 '바둑'이 하나의 범주에 속할 수 있는지를 가족닮음이란 개념을 이용해 쉽게 설명할 수 있습니다. 세상에는 고전적 견해로 설명이 가능한 범주도 있고, 원형적 견해로 설명이 가능한 범주도 있다는 것을 기억할 필요가 있습니다.

사회에는 여러 모임(친목단체)이 있을 수 있습니다. 예를 들어,

동창회와 같은 모임이 있을 수 있고, 또 친한 친구들끼리의 계모임도 있을 수 있습니다. 동창회모임은 회원들끼리 같은 학교출신이라는 공통점을 공유합니다. 모임을 하나의 범주로 본다면, 고전적 견해로 설명할 수 있는 범주라고 하겠습니다. 반면 친한 친구들끼리의 계모임은 반드시 회원들끼리 공통점을 공유할 필요는 없습니다. 필자가 속한 한 계모임의 경우 대다수 회원이 같은 학교 출신이지만, 회원 중에는 한 회원의 고향친구도 포함되어있습니다. 친구들끼리 어울리다보니 친구의 친구도 함께 친구가 된 것입니다. 이런 계모임의 경우는 모든 회원들이 공유하는 공통점은 없지만 하나의 모임이 형성된 경우입니다. 이런 모임은 가족닮음의 개념을 이용한 원형적 견해로 설명할 수 있는 범주라고 할 수 있겠습니다.

마지막으로, 원형적 견해로 설명할 수 있는 언어현상에 대해 살펴보겠습니다. 아래의 예에서 밑줄 친 'climb'의 의미는 매우 다릅니다.

(3) a. The helicopter <u>climbed</u> to 30,000 feet.

    b. He <u>climbed</u> down the ladder.

(3a)는 헬리콥터가 3만 피트까지 '올라갔다'라는 의미인 반면, (3b)는 계단을 '(손으로) 붙잡고 조심스럽게 내려갔다'는 의미입니다. '(헬리콥터가) 올라가다'와 '(손으로) 붙잡고 조심스럽게 내려가다' 사이에는 아무런 공유된 의미특성이 없습니다. 고전적 견해로는 하나의 단어—즉, 범주—가 공통점이 없는 두 의미를 가진다는 사실을 설명할 수가 없습니다. 하지만 가족닮음의 개념을 이용하면 쉽게

설명이 가능합니다. (3a)와 (3b) 사이를 연결해줄 중간매개로 다음 문장을 생각해보세요.

(4) He climbed the rock.

(4)의 'climb'은 두 가지 의미―즉, i) 꼭대기(위) 쪽으로 움직이는 것과 ii) (두 손과 두 발을 이용하여) 조심스럽게 움직이는 것―를 모두 갖고 있습니다. 반면 (3a)는 꼭대기 쪽으로 움직인다는 의미만, 그리고 (3b)는 (두 손과 두 발을 이용하여) 조심스럽게 움직인다는 의미만 있습니다. 따라서 (3a)와 (3b) 사이에는 공유된 의미특성이 없지만 (4)를 매개로 보면 서로 연결이 됩니다. (3a)와 (4)는 위쪽으로 움직인다는 것을 닮았고, (4)와 (3b)는 두 손과 두 발을 이용하여 조심스럽게 움직인다는 것을 닮았습니다. 이렇게 가족닮음과 같은 식으로 (3a)와 (3b)는 연결이 되는 것입니다. (3a)와 (3b)처럼 공유된 의미특성이 없음에도 불구하고 'climb'이란 한 단어가 될 수 있는 현상은 원형적 견해로만 설명이 가능합니다.

5.2.2.2. 범주 사이의 경계

우리는 앞서 홀수와 짝수는 그 경계가 명확하다는 것을 살펴보았습니다. 하지만 범주와 범주 사이의 경계가 항상 명확할까요? 우리는 일반적으로 무지개의 색깔이 7개―즉, 빨강, 주황, 노랑, 초록, 파랑, 남색, 보라색―라고 생각합니다. 우리가 알고 있는 지식대로 무지개의 색을 명확하게 7가지로 구분지을 수 있을까요? 실제 무지개는 색깔과 색깔 사이의 경계가 명확하지 않습니다. 아래 그림에서는 흑백으로 표시되는 이 책의 지면 상태를 고려하여, 범주와 범주 사이의 경계를 흑백으로 표시하였습니다.

<그림 2> 명확한 경계와 불명확한 경계

무지개의 색깔과 색깔 사이의 경계는 왼쪽의 그림처럼 경계가 명확하지 않고 오른쪽의 그림처럼 경계의 구분이 불명확합니다. 세상에는 무지개처럼 '불명확한 경계(fuzzy boundary)'를 이루는 것들이 많습니다. 범주 사이의 경계는 항상 명확하다는 고전적 견해로는 범주 사이의 경계가 불명확한 현상을 이해하기가 힘이 듭니다. 정신없이 바쁜 생활 속에서 비가 온 후 잠시 짬을 내어 무지개를 쳐다보세요. 그리고 무한대의 무지개 색깔을 감상해보세요. 이즈음에 짬을 내어 William Wordsworth의 시 '무지개'를 감상해볼까요?

하늘에 무지개를 바라 볼 때면
내 가슴은 뛰누나.
내 어렸을 적에도 그러하였고
어른이 된 지금도 그러하니

늙어진 뒤에도 그러하리라
아니라면 죽음만도 못하리.
어린이는 어른의 아버지
내 생의 하루하루가
자연을 기리게 하소서.

고래(whale)는 포유류(mammal)라고 학교에서 배워서 그렇게 알고 있습니다. 물론 새끼를 낳고 젖을 먹인다는 점에서 포유류가 맞습니다. 하지만 고래는 어류와 유사한 점도 많습니다. 서식지도 육지가 아닌 물속이고 생김새도 다른 포유류보다는 물고기와 더 닮았습니다. 새끼를 낳고 젖을 먹인다는 관점에서 보면 고래는 포유류가 맞지만 서식지나 생김새의 관점에서 보면 고래는 어류입니다. 두 개의 다른 관점을 함께 고려하면, 고래가 포유류와 어류 두 범주 중에 어느 범주로 분류해야할지 그렇게 쉬운 문제가 아닙니다. 새끼를 낳고 젖을 먹이는 기준이 서식지나 생김새의 기준보다 더 중요하다고 주장할 수는 있으나, 양서류를 분류하는 기준이 서식지라는 점을 고려하면 이런 주장이 절대적으로 올바르다고는 할 수 없습니다. 세상에 불명확한 경계는 생각보다 많습니다.

❀ 분류학(taxonomy)
분류학은 서양 학문에서 가장 중요하게 생각되어온 전통적인 학문입니다. 비록 세상에는 불분명한 경계로 범주를 구분하기가 힘든 경우가 있음에도 불구하고 범주로 나누는 작업을 지속적으로 해왔습니다. 범주로 구분하는 일에 많은 노력을 들이는 이유는 무엇일까요? 만약 범주를 모른다면 우리는 사물에 대해 알기를 원하면 하나하나 따로 특성을 파악해야 합니다. 하지만 범주를 알면, 그 범주에 속한 한 구성원의 특성을 이해하면 나머지 구성원의 특성도 쉽게 이해할 수 있기 때문입니다. (하지만 같은 범주에 속한 구성원의 특성이 모두 같지 않은 경우도 있고, 또 범주와 범주 사이의 경계가 명확하지 않은 경우도 있음을 명심해야 합니다.)

∞ ∞ ∞ ∞ ∞ ∞ ∞

마지막으로 범주의 불명확한 경계가 언어현상에 어떻게 나타나는지 살펴보도록 하겠습니다. 먼저, 'on'과 'over'가 관련된 현상을 살펴보겠습니다. 아래 예문에서 'on'과 'over'에는 어떤 의미적인 차이점이 있을까요?

(5) a. The book is <u>on</u> the table.

b. The tablecloth is <u>over</u> the table.

<그림 3> on vs. over

위의 그림에서 볼 수 있듯이, 'on'은 단순히 책이 테이블 위에 있다는 의미인 반면에, 'over'는 식탁보가 책상 위에 덮여있다는 의미입니다. 논의의 편의를 위해 'X is on/over Y'라는 기호를 사용하면, 일반적으로 X가 Y보다 커서 Y 전체를 덮고 있는 경우는 'over'를 사용하고, X가 Y보다 작아서 덮거나 가리는 것과는 거리가 먼 경우에 'on'을 사용합니다. 그런데 문제는 X와 Y의 상대적인 비율이 어느 정도가 되어야 'over' 또는 'on'을 사용할 수 있는지 그 경계는 불분명합니다. 즉, X가 Y 표면적의 몇 퍼센트를 가려야 'over'를 사용할 수 있는지 단정 지어 말하기는 곤란하다는 것입니다. 크기가 어중간한 경우에는 화자의 생각에 따라 전치사의 선택이 달라질 수 있는 것입니다. 어느 것이 맞고 어느 것이 틀렸다고 할 수는 없는 것입니다. 화자가 X가 Y를 덮고 있다고 생각하면 'over'를, X가 단순히 Y 위에 있다고 생각하면 'on'을 사용합니다. 'on'과 'over' 사이의 경계는 흐릿합니다.

경계가 불분명한 언어현상의 예를 하나만 더 살펴보겠습니다. 탈 것(vehicle)에 타는 행위를 지칭할 때, 경우에 따라 아래의 예에서처럼 'get on'을 사용하기도 하고 'get in'을 사용하기도 합니다.

(6) a. I <u>got on</u> the bus/train/ship/plane.
   b. I <u>got in</u> my car.

일반적으로 'get on'은 버스, 기차, 배, 비행기와 같이 크기가 큰 교통수단을 이용할 때에 사용합니다. 반면, 승용차와 같이 크기가 작은 교통수단을 이용할 때에는 'get in'을 사용합니다. 그런데 교통수단의 공간이 얼마나 작아야 'get in'이라는 표현을 사용할 수 있을까요? 예를 들어, 승강기(elevator)의 경우는 어떨까요? 승강기는 내부로 들어가서 걷거나 움직일 수 있는 공간이 있어서 승용차보다는 다소 크게 느껴집니다. 이런 승강기는 'get on'이 어울릴까요? 아니면 'get in'이 어울릴까요?

    (7) a. <u>Get on</u> the elevator.

        b. <u>Get in</u> the elevator.

영어원어민의 말뭉치인 COCA에서 조사를 해본 결과, 승강기의 경우 'get on'과 'get in'이 비슷한 비율로—정확히는, 전자가 34회(56%), 후자가 27회(44%)—사용되었습니다. 승강기처럼 크기가 어중간한 경우에는 'get on'과 'get in' 둘 중에서 어느 것이 옳다고 할 문제가 아닌 것입니다. 화자의 생각에 따라 다른 선택을 할 수도 있습니다. 이 예를 통해서도 범주와 범주 사이의 경계가 불명확한 현상을 확인할 수 있었습니다.

5.2.2.3. 구성원의 자격

우리는 앞서 홀수와 짝수 같은 범주에 속한 구성원은 모두 같은 특성을 지닌다는 것을 살펴보았습니다. 하지만 세상에는 같은 범주에 속하더라도 구성원의 자격이 동등하지 않은 현상은 많습니다. '새(bird)'의 범주를 예로 들어보겠습니다. 참새, 비둘기, 독수리, 닭, 오리, 타조, 펭귄, 키위 등은 모두 '새'의 범주에 속합니다.

〈그림 4〉 새의 범주에 속한 구성원들

'새'의 범주에 속한다고 해서 모두 동일한 특성을 지니는 것은 아닙니다. '새'의 범주에 속한 구성원들을 새가 가질 수 있는 아래의 특징으로 살펴봅시다.

(8) '새'의 전형적인 특징
    a. 날개를 이용하여 날 수 있다.
    b. 덩치가 작다.
    c. 둥지(nest)를 나무에 짓는다.

참새와 비둘기는 이 세 가지 특징을 모두 지닙니다. 따라서 참새와 비둘기는 가장 전형적인 구성원이라고 할 수 있습니다. 가장 전형적인 구성원을 '원형(prototype)'이란 이름으로 부르기도 합니다. 반면 닭과 오리는 잘 날지 못하고 둥지가 나무 위에 있지 않다는 점에서 원형에서 다소 멀어진 것으로 볼 수 있습니다. 즉, 닭과 오리는 참새와 비둘기에 비해 덜 전형적인 새입니다. 타조는 날지도 못하고 둥지가 나무에 있지 않으며 덩치도 너무 크다는 점에서, 펭귄은 날지 못하고 둥지가 나무에 있지 않으며 마치 물고기처럼 물속을 헤엄쳐 다닌다는 점에서, 키위는 날개가 퇴화되어 날개 자체가 없다는 점에서 원형에서 상당히 멀어진 것으로 볼 수 있습니다. 타조와 펭귄 그리고 키위는 닭이나 오리보다도 덜 전형적인 새라고 할 수 있습니다. 지금까지 '새'의 범주에 속한 구성원들 모두가 동등한 특징을 지니는 것이 아니라는 것을 살펴보았습니다.

  구성원의 자격을 원형적 견해로만 설명 가능한 다른 예를 살펴보겠습니다. 세상에는 다양한 의자가 있습니다. 아래 그림에 제시된 의자는 순서대로 식탁의자(kitchen chair), 흔들의자(rocking chair), 회전의자(swivel chair), 안락의자(armchair), 휠체어(wheelchair), 유아용 식탁의자(high chair), 스툴(stool)입니다.

〈그림 5〉 의자의 범주에 속한 구성원들

위의 그림에서 가장 전형적인 의자—즉, 원형—는 어느 것일까요? 원형을 결정하는 가장 중요한 요인은 빈도(frequency)입니다. 어떤 의자를 주변에서 가장 많이 볼 수 있을까요? 아마 식탁의자일 것입니다. 의자라고 해서 다 같은 모양과 기능을 가지고 있는 것은 아닙니다.

원형 또는 전형적인 구성원의 경우는 이들과 이들이 속한 범주 사이의 관계가 명확하기 때문에 범주화를 하는데 있어서 문화의 영향을 받지 않습니다. 즉, 어떤 문화라도 식탁의자는 의자의 범주로 분류합니다. 그러나 원형에서 멀어진 구성원일수록 문화에 따라 다른 범주로 분류하기도 합니다. 예를 들어, 영어권 문화에서는 '스툴'은 의자의 범주에 포함시키지 않습니다. '스툴'은 다른 구성원들과 달리 등받이가 없기 때문입니다. 반면 한국문화에서는 등받이의 존재 여부는 중요하지 않습니다. '스툴'도 의자의 범주에 넣는 것이 일반적입니다. 대신 '휠체어'를 의자의 범주에서 제외시키는 경향이 있습니다. 왜냐하면 '휠체어'는 다른 구성원들과 달리 이동수단의 기능을 갖기 때문입니다. '의자'의 예를 통해서도 한 범주의 구성원들이 항상 동등한 특성을 지니고 있는 것이 아니라는 것을 알 수 있었습니다. 그리고 전형적인 구성원이 아닌 경우에는 문화에 따라 다른 범주로 분류될 수 있다는 것을 살펴보았습니다.

이제 한 범주에 속하더라도 구성원들의 특성이 서로 다를 수 있는 언어현상에 대해 살펴보겠습니다. 명사(noun)와 동사(verb)는 일반적으로 시간의 흐름에 따라 변하는 속도에서 차이를 보입니다. 명사는 시간이 흘러도 상태가 유지되는 특성이 있는 반면 동사는 순간적으로 이루어져서 곧 사라지는 특성이 있습니다. 예를 들어, '탁자'와 같은 명사는 시간이 흘러도 그 상태에는 변화가 없습니다. 반면, '차다'와 같은 동사는 순간적이어서 순식간에 행동이 이루어지고 사라져버립니다. 그런데 상황에 따라 원래는 순간적인 동작을 반복적으로 또는 지속적으로 하는 경우가 있을 수 있습니다. 순간적인 행동이 아니라 반복적이거나 지속적인 행동이라는 것을 나타내기 위해 아래익 (9b)와 같은 진행형을 사용합니다.

(9) a. He <u>kicked</u> the table. (순간적, 일회적 행위)

b. He <u>was kicking</u> the table. (지속적, 반복적 행위)

그런데 모든 동사를 진행형으로 만들어 사용할 수는 없습니다. 아래의 'know'는 아래의 예에서 보듯이 진행형으로 사용할 수 없습니다.

(10) a. He knew the answer.

b. *He <u>was knowing</u> the answer.

'know'를 진행형으로 사용할 수 없는 이유는 무엇일까요? 아마 여러분들 대부분은 영문법을 배울 때 'know'가 '상태 동사'이기 때문에 진행형을 만들 수 없다고 배웠을 것입니다. (소위 '상태 동사'란 순간적이지 않은 동사를 말합니다. 'know'의 경우, 한 번 알면 그 상태가 지속되는 특징을 보이기 때문에 상태 동사로 분류하는 것입니다.) 그런데 '상태 동사'는 왜 진행형을 만들지 못할까요? 진행형은 어떤 행위가 순간적이거나 일회적인 것이 아니라 지속적이거나 반복적으로 일어난다는 것을 나타내고 싶어서 원형동사에 'be ‐ing'을 붙인 것입니다. 진행형을 사용하는 이유가 순간적인 의미를 지속적인 의미로 바꾸는 것인데, 동사가 이미 지속의 의미가 있다면 굳이 진행형으로 만들 필요가 없기 때문에 'know'와 같은 상태 동사는 진행형을 사용하지 않습니다.

마치 새 중에는 참새와 같은 전형적인 새도 있지만 펭귄이나 키위와 같은 원형에서 멀리 떨어진 새도 있는 것처럼, 영어 동사에는 'kick'같이 순간적인 의미를 지닌 전형적인 동사도 있고, 'know'같이 지속적인 의미를 지닌 전형에서 멀어진 동사도 있습니다. 원형에서 멀어진 새가 잘 날지 못하는 특성이 있듯이 원형에서 멀어진 동사는 진행형을 못 만드는 특성이 있습니다.

지금까지 범주화에 대한 두 가지 견해에 대해 살펴보았습니다. 세상에는 고전적 견해로 설명이 가능한 현상도 있지만, 고전적 견해로는 설명이 불가능한 현상도 있음을 살펴보았습니다. 고전적 견해의 대안으로서 원형적 견해가 언어를 포함한 다양한 현상을 설명할 수 있음도 살펴보았습니다.

5.3. 세상을 어떤 식으로 묶을까?

불명확한 경계에 관한 논의가 순수 학문에서만 국한된 것이 아닙니다. 인류학에서 시작된 이 개념이 언어나 세상의 다양한 현상을 설명할 수 있을 뿐만 아니라 일상생활의 필수품인 세탁기와 같은 가전제품에도 활용이 됩니다. '퍼지논리(fuzzy logic)'라는 개념으로 산업분야에서는 알려져 있습니다.

<그림 6> 세탁기의 성능을 홍보하기 위한 Fuzzy Logic 문구

세탁물의 양과 오염 정도는 사용자나 상황에 따라 다를 수 있습니다. 그런데 상황이 다름에도 불구하고 대, 중, 소로만 구분되어 일정한 물이나 세제를 사용하게 되면 자원과 시간이 낭비될 수 있습니다. 대, 중, 소와 같은 범주의 구분을 없애고 세탁물의 양과 오염 정도에 따라 물과 세제의 양을 자동으로 조절하여 사용할 수 있도록 한 것입니다. 이렇게 불명확 경계라는 개념을 산업분야에서 활용함으로써 많은 자원과 시간을 절약할 수 있게 된 것입니다.

우리 주변에는 자동차, 오토바이, 자전거, 유모차, 휠체어, 세그웨이, 마이크로 킥보드 등 다양한 운송수단이 있습니다. 그런데 이들이 다닐 수 있는 길에는 차도와 인도—경우에 따라, 자전거 전용도로도 있음—밖에 없습니다. 그렇다면 어떤 운송수단이 어떤 도로를 이용하게 해야 할까요? 세그웨이와 마이크로 킥보드와 같은 새로운 운송수단은 끊임없이 만들어집니다. 따라서 도로를 이용할 수 있는 운송수단을 일일이 열거할 수는 없습니다. 그렇다면 어떤 식으로 운송수단을 정의해서 그 정의에 해당되는 운송수단은 이런 도로를 이용해야한다고 말할 수 있을까요? 바퀴의 수, 바퀴의 크기, 아니면 동력의 종류.... 여러분에게 이와 관련된 법을 만드는 역할이 주어 졌다면 어떻게 할까요? 이런 법률의 문제도 결국은 범주화의 문제 입니다. 이런 문제를 해결할 수 있어야 더 복잡하고 어려운 문제를 해결할 수 있지 않을까요?

6번째 이야기

짝 맞춤

6.1. 화성에서 온 남자, 금성에서 온 여자

6.2. 언어에서의 짝 맞춤 현상

    6.2.1. 짝 맞춤과 의사소통

    6.2.2. '일대다'의 관계: 다의성

6.3. 아날로그와 디지털의 세상

    6.3.1. 이진법과 의사소통

    6.3.2. 아날로그 vs. 디지털

6.1. 화성에서 온 남자, 금성에서 온 여자

'화성에서 온 남자, 금성에서 온 여자.' 관계 상담사(relationship) 이자 저술가인 John Gray의 책 제목입니다. 전 세계적으로 5천만 부 이상이 팔린 베스트셀러로 우리나라 독자들에게도 많은 인기가 있었습니다. 남자와 여자와의 의사소통은 마치 전혀 다른 행성에서 온 생명체들끼리의 의사소통처럼 힘들다는 것을 암시하는 은유로 이루어진 제목입니다.

남자와 여자는 대화를 나누는 목적부터가 다릅니다. 남자가 대화를 할 때는 문제를 해결하든지 아니면 중요한 점을 지적하든지 어떤 분명한 목적을 가지고 대화를 합니다. 반면 여자는 자기의 감정을 상대와 나누고 공감대를 형성하기 위해 대화를 합니다. 공감하는 대화를 통해서 상대와의 친근감이나 유대감을 강화합니다. 의사소통의 목적이 서로 다른 여자와 남자가 겪을 수 있는 상황을 생각해봅시다. 아내에게 힘든 일이 생겼습니다. 남편이 직장에서 돌아오기를 기다리던 아내는 남편이 돌아오자마자 힘든 상황에 대해서 설명을 합니다. 듣고 있던 남편이 짜증을 내기 시작합니다. 직장일로 힘든데 집에 오자마자 그런 얘기를 하냐고.... 사실은 남편이 짜증을 내는 진짜 이유는 대화를 통해 해결책을 찾아야 하는데 무엇인가 문제를 해결할 좋은 아이디어가 떠오르지 않기 때문입니다. 좋은 해결책이 있었다면 목적지향적인 남편이 화를 내기보다는 친절하게 대안을 얘기해주었을 것입니다. 한편 아내의 입장에서는 해결책을 찾고 싶은 것이 아닙니다. 단지 힘든 일에 대해 얘기하면서 남편의 공감을 통해 위로받고 싶은 것입니다. 아내의 입장에서는 그저 남편이 자기의 얘기를 듣고 공감만 해주면 되는 것입니다.

남자와 여자는 사랑의 이벤트에 대한 생각도 서로 다릅니다. 비용은 적게 들지만 잦은 이벤트, 아니면 횟수는 적지만 비용이 많이 드는 큰 이벤트 중에서 남자와 여자는 어떤 이벤트를 선호할까요? 남자의 입장에서는 작은 이벤트 여러 번 하는 것보다는 큰 이벤트를 한 번 해주는 것이 여자에게 좋은 점수를 받을 것이라고 생각합니다. 남자는 이벤트의 크기가 곧 사랑의 크기라고 생각하기 때문에 큰 이벤트를 해주기를 원합니다. 하지만 여자는 작지만 이벤트를 자주 해주는 것을 좋아합니다. 이벤트의 횟수만큼 사랑 받고 있다는 감정을 느끼거나 또는 서로 사랑하고 있다는 것을 공감할 수 있기 때문입니다.

이처럼 남자와 여자는 서로 다른 생각을 하면서 삽니다. 이런 생각의 차이로 인해 의사소통에 많은 문제가 발생하기도 합니다. 의사소통의 문제를 초래하는 것은 단지 남녀의 차이뿐만 아니라 언어의 어떤 특성으로 인해 발생하기도 합니다. 아래에서 언어의 어떤 특성이 의사소통의 문제를 야기하는지 살펴보도록 하겠습니다.

6.2. 언어에서의 짝 맞춤 현상

여기서는 짝 맞춤의 방식, 일대다의 대응관계 그리고 의사소통의 문제를 살펴보도록 하겠습니다.

6.2.1. 짝 맞춤과 의사소통

세상에는 다양한 결혼풍속이 있습니다. 일부일처제(monogamy)가 일반적이긴 하지만 일부다처제(polygamy)도 있고, 일처다부제(polyandry)도 있습니다. 최근 다부다처(group family)와 같은 새로운 개념의 풍속도 생겨나기 시작했지만 아직은 소수의 사람들에게 국한된 것 같습니다.

<그림 1> 일부다처제 가족 vs. 일처다부제 가족

일부일처는 '일대일'의 관계이고, 일부다처나 일처다부는 '일대다'의 관계입니다. 다부다처는 '다대다'의 관계입니다. 참고로, 이슬람 문화권이 대표적인 일부일처제를 시행하는 곳입니다. 그리고 중국의 소수족인 나시족(纳西族)이 일처다부제의 풍속을 가지고 있습니

다. 물론 대다수의 나라들은 일부일처제를 채택하는데, 그 이유는 가장 안정적인 제도이기 때문입니다. '일대다'의 결혼풍속을 지니는 곳에서는 '일대일'의 관계를 유지하기 힘든 나름대로의 역사적인 이유가 있었습니다.

　결혼제도에서 '일대일'과 '일대다'의 짝 맞춤이 있듯이, 언어에서도 '일대일'과 '일대다'의 짝 맞춤이 있습니다. 결혼제도에서 남과 여가 짝을 맞추듯이 언어에서는 기표와 기의가 짝을 맞춥니다. 기표와 기의의 관계가 '일대일'의 관계일 수도 있고, 또 '일대다'의 관계일 수도 있습니다. 기표와 기의의 관계가 '일대일'인 관계를 '단의성(monosemy)'이라하고 '일대다'의 관계를 '다의성(polysemy)'라고 부릅니다. 그리고 단의성과 다의성을 지닌 단어 자체를 각각 '단의어(monoseme)'와 '다의어(polyseme)'라 부릅니다. 이론적으로는 언어에서 단의어와 다의어 둘 다 존재할 수 있지만, 실제로는 거의 모든 단어는 다의어입니다. 그런데 결혼풍속에서 '일대다'의 관계가 불안정한 것처럼, 언어에서도 '일대다'의 관계가 의사소통에 지장을 초래할 수 있습니다. 거의 대부분의 단어가 다의어이기 때문에 그만큼 의사소통에서도 문제가 발생할 여지가 많습니다. 아래에서 다의어가 어떻게 의사소통의 장애요인이 되는지 다의성에 대해 자세히 살펴보도록 하겠습니다.

6.2.2. '일대다'의 관계: 다의성

　여기서는 다의어가 발생할 수밖에 없는 본질적인 이유, 다의어를 만드는 기제, 다의어의 구조, 그리고 다의어가 유발할 수 있는 의사소통의 문제에 대해 순서대로 살펴보겠습니다.

6.2.2.1. 다의어의 본질

어느 나라에서 전쟁이 나서 많은 남자들이 전사했다고 가정합시다. 그러면 남녀의 성비가 균형을 이루지 못합니다. 자연스럽게 일부다처제로 결혼 문제를 해결하는 수밖에 없겠지요. 언어도 이와 유사합니다. 사람들이 표현하고 싶은 내용은 정말 다양하고 많습니다. 하지만 그 내용을 표현할 수 있는 단어나 문법구조는 제한되어 있습니다. 다른 표현으로 하면, 이야기하고자 하는 기의는 무한대인데 반해 표현 수단인 기표는 제한적입니다. 그러니까 자연스럽게 아래의 그림에서 보듯이 하나의 기표가 다양한 기의를 나타낼 수밖에 없게 되는 것입니다.

6.2.2.2. 다의어를 만드는 기제

우리는 앞서 '닮음'과 '가까움'에 대해 살펴보았습니다. 기의들끼

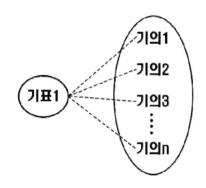

<그림 2> 기표와 기의의 '일대다'의 관계: 다의성

리 닮은 것에 기초한 것이 '은유'이고, 기의들끼리 가까운 것에 기초한 것이 '환유'라고 배웠습니다. 다의어를 만드는 기제(mechanism)가 바로 이 은유와 환유입니다. 아래에서 은유와 환유가 어떻게 다의어를 생성하는지 살펴보도록 하겠습니다.

6.2.2.2.1. 은유

영어의 'mouse'는 두 개의 의미를 지닌 다의어입니다. 하나는 '쥐'의 의미이고, 다른 하나는 컴퓨터 부속품인 '마우스'의 의미입니다.

<그림 3> mouse: '생쥐'와 '(컴퓨터)마우스'

그런데 'mouse'가 처음부터 두 개의 의미를 지녔던 것은 아닙니다. 원래는 그림의 왼쪽에 있는 '쥐'라는 의미만 있었습니다. 그러다가 세월이 흘러 컴퓨터가 발명되고 또 컴퓨터를 더 편하게 이용할 수 있도록 그림의 오른쪽에 있는 컴퓨터 부속품을 개발하였습니다. 그러자 이 부속품에 대해 이름을 붙일 필요성이 있게 되었습니다. 이 부속품이 쥐를 닮았기 때문에 'mouse'라고 부르게 된 것입니다. 정리하자면, 'mouse'는 원래 '쥐'의 의미를 지닌 '단의어'였습니다. 그러다가 'mouse'가 새로 개발된 컴퓨터 부속품의 의미도 지니게 되면서 '다의어'가 된 것입니다. 이렇게 유사성을 기초로 해서 의미가 늘어

나는 현상을 '은유적 확장(metaphoric extension)'이라고 부릅니다. 다른 말로 하자면, 은유가 다의어를 만드는 기제로 작용을 한 것입니다. 환유가 다의어를 만드는 기제로 작용하는 것에 대해 살펴보기 전에 아래에서 '다의어'와 '동음어'의 차이점에 대해 살펴보도록 하겠습니다.

한 단어가 두 개 이상의 의미를 지닌 단어를 '다의어'라고 합니다. 앞서 간략히 살펴본 적이 있는 '동음어'도 겉으로 보기에는 비슷합니다. 왜냐하면 동음어도 한 단어가 두 개 이상의 의미를 지닌 것처럼 보이기 때문입니다. 영어의 'bat'을 예로 들어보겠습니다. 'bat'은 '박쥐'와 '야구방망이'의 의미를 지닙니다. 'mouse'가 '쥐'와 '마우스'의 의미를 지닌 것과 비슷하게 보입니다.

<그림 4> bat (박쥐 vs. (야구)방망이)

하지만 'bat'의 예는 'mouse'와는 다릅니다. 'mouse'는 다의어이지만, 'bat'은 동음어입니다. 다의어와 동음어를 어떻게 구분할까요? 다의어는 위에서 살펴본 것처럼 두 의미들끼리 서로 관련이 되어있습니다. 반면 동음어는 두 기의들 사이에는 아무런 연관성이 없습니다. 그야말로 우연의 일치로 인해 같은 이름(발음)을 지닌 것일 뿐입니다

다. 마치 'snow'의 뜻을 지닌 '눈'과 'eye'의 뜻을 지닌 '눈'이 아무런 관련성이 없이 우연히 같은 이름을 지닌 것과 같은 이치입니다.

다의어는 두 개 이상의 의미를 지녔지만 그 뜻이 서로 연관이 되어있기 때문에 본질적으로 하나의 단어입니다. 반면 동음어는 서로 관련이 없는 두 단어가 우연히 소리만 같은 것이죠. 동음어는 본질적으로는 전혀 다른 단어입니다. 따라서 다의어와 동음어는 사전에서 제시되는 방법도 다릅니다.

(1) 다의어
  mouse ① 생쥐
         ② (컴퓨터) 마우스

(2) 동음어
  bat¹ 박쥐
  bat² (야구) 방망이

다의어는 위 (1)처럼 하나의 표제어(entry) 아래에 관련된 의미를 분류하여 나열합니다. 반면 동음어는 표제어를 따로 두고 각 표제어 아래에 관련된 의미를 제시합니다.

6.2.2.2.2. 환유

한국어의 '아침'이란 단어는 두 개의 의미를 지닌 다의어입니다. 하나는 '날이 새면서 오전 반나절쯤의 시간'이란 의미이고 또 다른 하나는 '그 시간에 먹는 음식'이란 의미입니다. '아침'이 처음부터

이 두 가지 의미를 지녔던 것은 아닙니다. '아침'이 원래는 '날이 새면서 오전 반나절쯤의 시간'이란 의미만 있었습니다. 우리는 앞서 '오전'이란 '시간'과 그 시간에 먹는 '음식'은 시간적으로 인접해 있기 때문에 같은 표현을 사용한다고 배웠습니다. '시간'이 '음식'을 대신하는 환유입니다. '오전'이 인접성으로 인해 '오전에 먹는 음식'의 의미까지 지닌 다의어가 된 것입니다. 환유가 다의어를 만드는 기제로서 역할을 한 것입니다. 이렇게 환유로 인해 의미가 확장되는 것은 '환유적 확장(metonymic extension)'이라고 부릅니다.

'아침'은 다의어이기 때문에 아래의 예에서 보듯이 'mouse'처럼 한 개의 표제어 밑에 의미들이 제시됩니다.

(3) 아침[1]
   ① 날이 새면서 오전 반나절쯤까지의 동안
   ② ①의 시간에 끼니로 먹는 음식

지금까지 은유와 환유가 어떻게 다의어를 만드는 기제로서 기능을 하는지에 대해 살펴보았습니다. 다음 절에서는 다의어가 어떤 구조로 이루어지는지에 대해 살펴보도록 하겠습니다.

6.2.2.3. 다의어의 구조

우리는 앞서 '범주'에 대해 논의할 때, 두 가지 다른 견해에 대해

---

[1] 국립국어원 표준국어대사전 홈페이지.
   http://stdweb2.korean.go.kr/main.jsp

배웠습니다. 첫째는 고전적 견해로 한 범주에 속한 구성원들은 모두 필수적인 조건을 충족하는 경우입니다. 둘째는 원형적 견해로 한 범주에 속한 구성원들이 가족닮음으로 서로 연결되는 경우입니다. 다의어에도 고전적 견해로 설명이 가능한 경우와 원형적 견해로 설명할 수 있는 경우가 있습니다. 고전적 견해로 설명이 가능한 것은 '핵심의미(core-meaning) 구조'를 지닌 것이고, 원형적 견해로 설명이 가능한 것은 '의미연쇄(meaning chain) 구조'를 지닌 것입니다. 아래에서 다의어의 핵심의미 구조와 의미연쇄 구조에 대해 살펴보도록 하겠습니다.

6.2.2.3.1. 핵심의미 구조

핵심의미 구조란 모든 의의들이 핵심이 되는 의의를 공유하는 구조를 말합니다. 핵심의미 구조를 그림으로 나타내자면 다음과 같습니다.

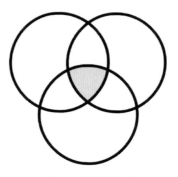

<그림 5> 핵심의미 구조

세 개의 원은 모두 회색으로 표시된 핵심부분을 공유합니다. 많은 다의어들은 이처럼 핵심의미 구조로 이루어져있습니다. 'paper'라는

다의어를 예로 들어보겠습니다. 'paper'는 '신문, 서류, 논문, 시험지'와 같은 다양한 의미를 지녔습니다. 이들 다양한 의미들은 모두 '종이'라는 핵심이 되는 뜻을 공유하고 있습니다. 이렇게 다의어의 다양한 의미들이 핵심의미를 공유하는 구조를 핵심의미구조라고 부릅니다. 공유된 핵심의미 구조를 갖는 다의어는 아래에서 살펴볼 의미연쇄 구조에 비해 비교적 쉽게 의미들을 파악할 수 있습니다.

6.2.2.3.2. 의미연쇄 구조

의미연쇄 구조란 아래 그림에서 볼 수 있듯이 모든 의미들이 핵심이 되는 의미를 공유하지는 않습니다.

<그림 6> 의미연쇄 구조

첫 번째 원과 두 번째 원은 공유하는 부분이 있고, 두 번째 원과 세 번째 원도 공유하는 부분이 있습니다. 반면 첫 번째 원과 세 번째 원은 공유하는 부분이 전혀 없습니다. 하지만 두 번째 원을 중간 매개로 해서 첫 번째 원과 세 번째 원은 서로 연결이 됩니다. 가족닮음으로 세 개의 원이 연결되어 있습니다.

다의어의 의미가 가족닮음으로 연결되어 원형적 견해로 설명이 가능한 구체적인 예를 살펴보겠습니다. 아래 예에서 밑줄 친 'up'의 의미를 살펴보세요. (4a)의 'up'은 '위쪽 방향'의 의미인 반면, (4b)의 'up'은 '완성'의 의미입니다. '완성'의 의미를 살려 (4b)를 번역하면 '우리는 그 음식을 다 먹었다.' 정도 될 것입니다.

(4) a. He jumped <u>up</u> from his chair.   (위쪽 방향)
    b. We ate all the food <u>up</u>.   (완성)

그런데 이 두 의미는 의미적으로 전혀 상관이 없어 보입니다. '위쪽 방향'과 '완성'은 아무리 보아도 공유된 의미는 없는 것 같습니다. 그런데도 어떻게 'up'이 이 두 가지 의미를 지니는 것일까요? 고전적인 견해로는 설명할 수 없습니다. 즉, 이 다의어는 핵심의미 구조가 아니기 때문입니다.

이제 '위쪽 방향'과 '완성'의 의미 사이를 가족닮음으로 연결해 줄 매개 문장을 찾아봅시다. 아래의 문장에 사용된 'up'의 의미를 생각해보세요.

(5) Fill it <u>up</u>, please.   (위쪽 방향; 완성)

예를 들어, 컵에 물을 채우는 상황을 가정해봅시다. 컵에 물을 '위쪽'까지 채우면 컵에 물이 가득 차서 행위가 '완성'이 되는 결과를 초래합니다. 위쪽까지 채우는 것을 원인이라고 본다면, 완성이 되는 것은 결과라고 볼 수 있습니다. 원인이 결과를 대신하는 환유의 예입니다. 다른 말로 하면, '위쪽'의 의미를 지닌 'up'이 '완성'의 의미로 환유적 확장이 된 것입니다. 그런데 여기서 중요한 것은 바로 이 매개 문장 (5)를 연결고리로 해서 (4a)와 (4b)가 연결된다는 것입니다. 이처럼 공유된 핵심의미는 없지만 가족닮음으로 연결된 다의어의 구조를 '의미연쇄 구조'라고 부릅니다. 의미연쇄 구조는 원형적 견해와 부합합니다.

공유된 핵심의미 구조는 고전적 견해와, 의미연쇄 구조는 원형적 견해와 부합한다는 말이 부적절할 수도 있습니다. 사실은 다른 두 종류의 다의어를 설명하기 위해 범주화에서 개발한 고전적 견해와 원형적 견해를 활용한 것이기 때문입니다. 고전적 견해로 설명이 가능한 다의어를 '핵심의미 구조'라고 부르고, 원형적 견해로 설명이 가능한 다의어를 '의미연쇄 구조'라고 부른 것뿐입니다. 인류학에서 개발한 개념을 언어학에 적용하여 설명하기 어려웠던 난제를 푼 것입니다. 학문의 경계를 넘어서….

6.2.2.4. 의사소통의 문제

다의어는 두 개 이상의 의미를 지니는 단어를 일컫는 것입니다. 'mouse'와 같은 다의어는 의미들끼리의 구분이 어렵지 않습니다. 'mouse'가 사용된 문맥을 통해 '생쥐'를 의미하는지, '마우스'를 의미하는지 쉽게 짐작할 수 있습니다. 하지만 의미들의 수가 많고, 의미들끼리의 구분이 쉽지 않은 다의어도 많이 있습니다. 그리고 어떤 다의어를 듣게 될 때, 언어 사용자마다 다른 의미를 떠올리게 되는 경우도 있습니다. 영어의 단어를 예로 들어보겠습니다. 여러분은 'simple'이라는 단어를 들었을 때, 긍정적인 이미지가 떠오릅니까? 아니면 부정적인 이미지가 떠오릅니까? 개인적인 조사에 의하면, 긍정적으로 생각하는 사람과 부정적으로 생각하는 사람의 비율이 거의 비슷합니다. 긍정적으로 생각하는 사람들은 아마 '꾸밈없는, 소박한, 검소한'과 같은 의미가 떠올랐을 것입니다. 반면 부정적으로 생각하는 사람들은 '평범한, 하찮은'과 같은 의미가 떠올랐을 것입니다. 이런 것이 바로 의사소통의 장애요인이 됩니다. 화자는 긍정적인 의미로 'simple'이라는 표현을 사용하였는데, 청자가 만약 부정적인 의미로 받아들인다면 제대로 의사소통이 이루어진 것이 아니겠지요. 이렇듯 언어가 갖는 다의성이라는 특성이 의사소통의 장애요인이 될 수 있음을 인식할 필요가 있습니다.

동양에서는 말에 대해 부정적인 시각을 드러내는 표현이 많습니다. 대표적인 예로 '불립문자(不立文字)'란 말이 있습니다. 깨달음은 마음에서 마음으로 전하는 것이지 말에 의존할 수 없다는 뜻입니다. 다의성으로 인해 자신의 생각을 말로는 제대로 전달할 수 없다는 생각—즉, 언어의 불완전성—이 반영된 표현이겠지요.

지금까지 기표와 기의가 '일대다'의 관계를 이루는 다의어의 특성과 다의어가 초래하는 의사소통의 문제점을 살펴보았습니다. 아래에서는 이런 문제점을 해결하기 위한 노력의 일환으로 개발된 이진법에 대해 간략히 살펴보겠습니다.

6.3. 아날로그와 디지털의 세상

컴퓨터 기술의 발달로 인공지능인 알파고가 세계의 바둑 고수들을 물리치는 세상에 우리가 살고 있습니다. 프로 바둑기사들이 인공지능으로부터 배움을 얻는다는 소식도 들립니다. 사물인터넷 (Internet of Things; IoT), 무인자동차 등등.

<그림 7> 사물인터넷(IoT)의 개념

현대는 디지털의 세상이라고 해도 과언이 아닙니다. 여기서는 어떻게 디지털의 세상이 시작되게 되었는지 그리고 아날로그와 디지털의 세상에 대해 알아보도록 하겠습니다.

6.3.1. 이진법과 의사소통

독일의 철학자이자 수학자인 Gottfried Wilhelm Leibniz는 물리학, 생물학, 의학, 지질학, 확률론뿐만 아니라 언어학, 정치학, 법학, 윤리학, 신학, 역사학에 이르기까지 많은 업적을 남긴 인물입니다. 그의 많은 업적들 가운데 여기서 주목하고자 하는 것은 바로 그가 창안한 '이진법 수 체계(binary number system)'입니다. 컴퓨터, 알파고, 사물인터넷 등이 모든 수를 0과 1로 표현할 수 있는 이진법을 통해서 가능하기 때문에 우리도 그에게 빚을 지고 있는 셈입니다.

그런데 Leibniz는 왜 이진법을 만들게 되었을까요? 그는 외교관 생활을 하면서 사람들과의 의사소통이 얼마나 힘든지 그리고 그 원인이 언어의 불완전성에 있음을 깨닫고 수학적인 '이진법 언어(binary language)'로 이런 문제를 극복하고자 하였던 것입니다. 잠깐 이진법에 대해 아주 간략하게 살펴볼까요? 이진법에는 '0'과 '1'만 존재합니다. 우리가 일반적으로 사용하는 십진법과 비교해볼까요? 십진법에는 '2'가 존재하지만 '2'가 없는 이진법에서는 다른 수가 되어야 합니다. 10진법의 수가 2진법에서는 어떤 수가 되는지 아래의 예를 보세요.

(6) 십진법   이진법
    1   1
    2   10
    3   11
    4   100

5	101
6	110
7	111

이런 이진법이 Leibniz의 바람대로 어떻게 의사소통의 문제를 해결할 수 있을까요? 숫자 '0'과 '1'을 'yes'와 'no'라고 생각해보세요. 대화에서 명확한 답을 원할 때 우리는 질문에 대해 'yes'와 'no'로만 대답하라고 말합니다. 이분법적인 대답으로 상대방의 의향을 분명하게 파악을 할 수 있게 되는 것입니다.

하지만 우리가 사용하는 언어―인공언어(artificial language) 와 구분하기 위해 자연언어(natural language)라고 부르기도 함―의 현상을 이렇게 간단하게 해결할 수는 없습니다. 우리의 언어에는 원형적 사고가 반영되어 있기 때문입니다. 아래 세 문장의 의미를 생각해봅시다.

(7) a. I am happy.

   b. I am unhappy.

   c. I am not happy.

이진법 또는 이분법적 사고(binary thinking)로 생각해봅시다. "Are you happy?"란 질문에 대한 답으로서 (7a)를 'yes'라고 가정하면, 그 반대의 의미를 지니고 있는 (7b)는 'no'가 됩니다. 마찬가지로 (7c)도 (7a)와는 반대의 의미를 지니므로 'no'가 됩니다. 결국, (7b)와 (7c)는 같은 대답인 'no'로서 같은 의미가 되어버리고 맙니다.

그런데 자연언어에서는 (7b)와 (7c)의 의미는 서로 다릅니다. 불행한 것과 행복하지 않은 것이 항상 같은 것은 아니기 때문입니다. 행복하지 않다고 해서 반드시 불행한 것은 아닙니다. 행복하지도 않지만 불행하지도 않을 수도 있기 때문입니다. 행복과 불행 사이에는 원형에서 멀어진 불명확한 경계에 놓인 경우도 있기 때문입니다.

그렇다면 이분법적 사고로는 이런 문제를 해결할 수 없을까요? 더 많은 질문을 통해 이 문제를 해결할 수 있습니다. 예를 들어, "Are you unhappy?"란 질문에 대한 대답을 통해 위 (7b)와 (7c)의 차이점을 알 수 있습니다. 상황별 질문에 대한 답을 정리하면 다음과 같습니다.

(8) 상황   질문: Are you happy?   Are you unhappy?

a. I am happy.	Yes	No
b. I am unhappy.	No	Yes
c. I am not happy.	No	No

내가 불행한 경우는 행복하냐는 질문에는 'No', 불행하냐는 질문에는 'Yes'인 반면, 내가 행복하지 않은 경우는 행복하냐는 질문과 불행하냐는 질문에 모두 'No'가 됩니다. 이런 식으로 접근하면 이분법적 사고도 원형적 사고와 같거나 유사한 결과를 얻을 수 있습니다.

6.3.2. 아날로그 vs. 디지털

‘시계’를 생각해볼까요? 시계에는 아날로그시계와 디지털시계 두 종류가 있습니다. 어떤 시계가 더 정확할까요? 좀 더 정확하게 표현하면, 어떤 시계가 실제 시간을 잘 표현할까요?

<그림 8> 아날로그시계 vs. 디지털시계

(아날로그시계를 잘 모르는 독자를 위해서 첨언하자면, 왼쪽의 그림처럼 생긴 시계라고 반드시 아날로그시계는 아닙니다. 태엽을 감아서 시계가 작동하도록 만든 시계가 아날로그시계입니다. 1초 단위로 움직이는 시계는 아날로그시계처럼 보이지만 실제는 디지털시계입니다.) 아날로그시계는 시침, 분침, 초침이 계속 시간의 흐름에 따라 움직입니다. 반면 디지털시계는 시간을 나타내는 수가 일정시간 변화 없이 멈추었다가 일순간 다음의 수로 바뀝니다. 디지털시계는 실제 시간을 잘 나타낸다고 할 수 없습니다. 왜냐하면 실제시간이 멈추는 법은 없기 때문입니다. 실제 시간은 아날로그시계처럼 계속 흘러가기 때문에 아날로그시계가 실제 시간을 잘 나타낸다고 볼 수 있습니다.

디지털시계를 아날로그시계처럼 멈춤 없이 계속 움직이게 할 수는 없을까요? 만약 1초 단위로 시침이 움직이는 디지털시계를 아날로그시계처럼 계속 움직이게 하기 위해서는 1초를 쪼개어 수없이 많은 더 작은 단위로 만든다면 가능하겠지요. 아래의 그림에서 긴 막대를 1초라고 생각해보세요.

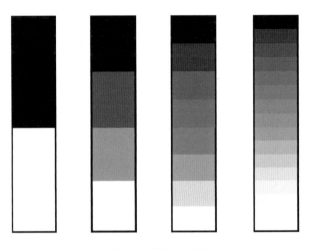

<그림 9> 디지털 vs. 아날로그

이 막대를 많은 공간으로 나눌수록 검정색에서 흰색으로 자연스럽게 변합니다. 이처럼 더 작은 시간의 단위를 사용하여 디지털화하면 아날로그와 유사한 효과를 발생시킬 수가 있습니다. 앞서 살펴본 'unhappy'와 'not happy'의 구분의 경우와 유사하다고 할 수 있습니다. 하나의 질문에 대한 yes/no의 대답으로는 두 의미를 구분할 수 없었지만 두 개의 질문에 대한 yes/no의 대답으로는 두 의미를 구분할 수 있게 된 것도 같은 원리라고 볼 수 있습니다.

이진법으로 태어난 디지털TV가 자연의 색상을 그대로 재현하는 세상입니다. 앞서 언급했듯이 알파고가 세계의 최강자 바둑기사들을 물리쳤습니다. 세기의 바둑대결이 막상 이루어지기 전까지만 해도 인공지능이 인간을 결코 이길 수 없을 것이라고 많은 전문가와 일반인들이 예견하였습니다. 적어도 바둑과 같이 무한한 수의 방법이 있는 게임에서는…. 하지만 결과는 인공지능의 승리였습니다. 이제는 프로 바둑기사들이 인공지능에게서 가르침을 받는다는 소식도 들립니다. 컴퓨터, 스마트폰, TV, 사물인터넷, 무인자동차…. 디지털의 세상입니다.

그런데 한 가지 유념해야 할 점이 있습니다. 이진법, 디지털, 인공지능이 사람이 할 수 있는 것과 같은―또는 더 나은―결과를 만들어낼 수 있습니다. 하지만 결과를 얻기까지의 사고하는 과정은 다르다는 점입니다. 사람들의 사고는 이분법적인 사고가 아니라 원형적 사고로 이루어지기 때문입니다. 디지털 세상에 살지만 사람들은 여전히 아날로그입니다. 디지털 세상이라 빠르고 편리한 이점을 찾는 것이 대세이지만, 디지털 카메라는 필름 카메라처럼 정겹고 친숙한 색상과 멋스러움을 살리지 못한다고 다시 아날로그 카메라를 찾는 사람들이 늘고 있다는 소식도 들립니다.

7번째 이야기

환경 & 동과 서 I

7.1. 무엇을 보는가?

7.2. 생태적 환경과 사고

    7.2.1. 동양문화

    7.2.2. 서양문화

7.3. 자연과 인간 그리고 우주

    7.3.1. 자연과 인간

    7.3.2. 우주관

7.4. 맥락으로서의 상황

    7.4.1. 상황론과 인본주의

    7.4.2. 상황과 원칙

7.5. 우리들 속의 동과 서

7.1. 무엇을 보는가?

동양인과 서양인은 동일한 대상이 앞에 놓여있어도 서로 다른 것을 본다는 사실을 보여주는 흥미로운 실험이 있습니다. 하나는 그림 속 등장인물의 감정을 읽는 실험이고, 다른 하나는 초상화 사진 찍기와 관련된 실험입니다. 아래에서 차례대로 살펴보겠습니다.

먼저 그림 속에 있는 동일 인물의 감정을 문화에 따라 다르게 이해하는 흥미로운 실험을 소개하겠습니다. Masuda와 Ellsworth 외 (2008)는 아래 <그림 1>과 같은 그림을 이용하여 동양인들과 서양인들이 서로 다른 시각으로 특정 인물의 감정을 파악한다는 흥미로운 실험 결과를 보여줍니다. 아래 그림에서 가운데 있는 사람은 어떤 감정일까요? 행복한가요? 아니면 슬픈가요?

<그림 1> 실험에 사용된 만화그림의 예

실험에 참여한 서양인들—정확히는 미국인들—의 다수가 가운데 있는 사람은 행복하다고 판단한 반면 동양인들—정확히는 일본인들—의 다수는 가운데 있는 사람은 행복하지 않다고 판단하였답니다. 이런 차이점은 어디에서 오는 것일까요? 동양인들은 관심의 대상이 되는 중심인물만 보는 것이 아니라 주변의 인물들까지 함께 보고 주변 사람들이 행복하지 않으니까 가운데에 있는 인물도 행복하지 않다고 판단한 것입니다. 반면 서양인들은 주변 사람들의 표정에는 관심을 두지 않고 오직 가운데에 있는 인물의 표정만 보고 행복하다고 판단한 것입니다. 서양인들은 결정에 있어 중요한 하나의 단서만으로 판단하는 반면 동양인들은 맥락을 고려하여 판단합니다. 실제 눈의 움직임(eye movement)을 관찰한 실험에서 동양인들은 중심인물을 1초 정도 본 후 주변에 있는 사람들을 본 반면 서양인들은 중심인물과 주변인물에 각각 95%와 5%의 비율로 관심을 보였답니다. 일반적으로 동양인들은 전체 맥락 속에서 특정 개체를 바라보는 반면, 서양인들은 특정 개체를 맥락에서 분리하여 바라보

는 경향이 있습니다.

이제 초상화 사진 찍기와 관련된 실험을 살펴보겠습니다. Masuda
와 Gonzalez 외(2008)는 동양인과 서양인에게 한 모델의 초상화
사진을 찍는 과업에서 나타난 동서양의 차이점을 살펴보았습니다.
여러분이 초상화 사진을 찍어달라는 부탁을 받는다면 어떤 사진을
찍겠습니까?

<그림 2> 서양인이 찍은 사진(왼쪽)과 동양인이 찍은 사진(오른쪽)

동양인들—정확히는, 일본인들—은 오른쪽의 사진처럼 배경을 포함
하여 넓은 구도로 사진을 찍는 반면, 서양인들—정확히는, 미국인들—
은 모델의 얼굴에 초점을 맞추어 사진을 찍었습니다. 동양인들은
인물을 맥락에 포함시켜 찍는 반면, 서양인들은 맥락 없이 모델을
중심으로 사진을 찍는 경향이 있습니다.

전통적인 초상화에서도 이런 차이점을 쉽게 찾아 볼 수 있습니다. EBS 제작팀과 김명진(2012)의 『동과 서』에 게재된 아래 <그림 3>을 보세요.

<그림 3> 동양의 초상화(위)와 서양의 초상화(아래)

동양의 초상화는 구도를 넓게 잡아 전신상을 그리는 반면, 서양의

초상화는 구도를 좁게 잡아 반신상 또는 인물을 중심으로 그립니다.

동양인들은 중심인물을 바라볼 때에도 그 주변의 인물이나 전체적인 배경을 함께 바라보는 반면, 서양인들은 배경적인 요소들은 무시하고 중심인물에 초점을 맞추어 바라봅니다. 이런 동서양의 차이점은 어디에서 비롯된 것일까요? 이 문제를 아래에서 살펴보도록 하겠습니다.

7.2. 생태적 환경과 사고

문화심리학자 Nisbett(2003)은 동양과 서양의 서로 다른 인식론과 사고 과정은 근본적으로 서로 다른 생태적 환경에서 시작된다고 주장합니다. 그의 주장에 의하면, 서로 다른 생태적인 환경이 서로 다른 경제적, 정치적, 사회적 체계를 초래하고, 이는 다시 서로 다른 민속 형이상학을 만드는데 영향을 미치고, 이는 또 다시 인식론과 사고 과정에 영향을 미칩니다. 아래에서는 동양과 서양의 뿌리라고 할 수 있는 고대 중국과 고대 그리스의 생태적 환경이 인식론과 사고 과정에 어떻게 영향을 미쳤는지를 순서대로 살펴보도록 하겠습니다.

7.2.1. 동양문화

중국은 평탄한 농지와 낮은 산으로 구성되고 황허강가 창장강과 같이 물을 공급할 수 있는 강이 흘러 농사를 짓기에 매우 적합하여 농경문화가 일찍부터 발달하였습니다. 농사에는 기후나 날씨와 같은 여러 가지 조건이 맞아야 하지만 그 중에서도 물의 관리가 가장 중요한 요소인데 관개(irrigation)공사는 개인의 힘으로는 할 수 없는 작업으로 공동 작업이 필수적입니다. 그리고 한번 형성한 농지를 버리고 떠나서는 살아가기가 힘이 들기 때문에 토지를 중심으로 자손대대로 이웃과 더불어 살아가는 촌락생활을 하게 됩니다. 이주가 없는 상태로 자손대대로 이웃과 더불어 살아야하는 농경문화에서는 개인의 작은 이익이나 손해보다는 우애롭게 살아가는 화목(harmony)이 가장 중요한 덕목입니다. 어떤 분쟁이 생기더라도 잘잘못을 따지기보다는 화목하게 넘어가는 것이 필요합니다. 왜냐하면 오랜 시간을 함께 지내다 보면 내가 상대방의 입장이 될 경우가 반드시 생기기 마련이기 때문입니다.

이웃과 더불어 밀착되어 살아가야하는 농경문화에서는 사람들은 서로에게 도움과 영향을 주고 또 받기 때문에 자신보다는 이웃들의 생각과 행동에 관심을 가지게 되고, 촌락 전체의 정서에 관심을 갖는 습관을 형성하게 됩니다. 개인은 자신을 독립적이기보다는 전체 사회 속에서 주어진 역할과 의무 및 다양한 인간관계로 이루어진 네트워크 속에서 자신을 파악하는 습관을 갖게 됩니다. 농경문화에서 사람들이 사회적 상황에 주의를 기울이는 습관은 곧 전체 맥락(context)에 주의를 기울이는 습관으로 이어지게 됩니다. 우주도 서로 영향을 미치지 않는 독립적인 요소(원자)로 구성된 것이 아니라 요소들끼리 서로 영향을 주고받는 하나의 유기체로 인식을 하게 됩니다. 어떤 현상에 원인을 찾고자 할 때도 개체들의 내부 속성이 아닌 개체가 속한 전체 맥락과의 관계 속에서 설명하려고 합니다.

즉, 원인을 사물들 간의 관계로 생각하기 때문에 부분과 전체의 관계를 파악하는 것이 매우 중요합니다. 그리고 전체 맥락을 고려하다보면, 세상이 복잡하다는 것과 가변적(changeable)이라는 것을 인식하게 되고 세상에 존재하는 다양한 모습들을 인정하게 됩니다.

7.2.2. 서양문화

그리스는 해안까지 이어지는 산으로 구성되어 농사보다는 사냥, 수렵, 목축, 그리고 무역이 발달하였습니다. 수렵, 목축, 무역과 같은 경우는 농경문화와는 달리 협력해서 해야 할 일들이 많지 않고, 무역을 제외하고는 안정적인 공동체도 필요하지 않습니다. 이런 사회에서는 굳이 개인의 희생을 감수하면서까지 이웃과의 화목을 유지할 필요가 없기 때문에 보다 많은 영역에서 개인의 자율권을 행사할 수 있었습니다. 해안가에 위치하여 무역의 발달로 경제적인 여유를 갖춘 상인계층이 형성됨과 더불어 도시국가 형태의 정치구조와 공회정치로 이동이 자유롭고 개인의 자유로운 지적탐구가 가능하였습니다. 이들은 개인의 자유, 개성, 객관적인 사고를 강조하였습니다. 이동이 자유로워 다른 사람, 다른 관습, 다른 사고를 자연스럽게 접할 수 있게 되고, 다른 문화에 호기심을 갖고 또 다른 사람들과 자유롭게 논쟁하는 습관을 가지게 됩니다. 다른 문화와의 차이와 모순을 해결할 방법을 모색하고 형식논리를 개발하게 됩니다.

다른 사람들과의 협력을 필요로 하지 않고, 개인 스스로가 목축할 곳과 상품을 사고 팔 장소를 결정하는 문화에서는 전체 맥락을 고려하는 농경문화와는 달리 개인이나 개별적인 사물에 관심을 기

울입니다. 전체 맥락을 고려하지 않는 서양문화에 속한 사람들에게
세상은 비교적 안정적이고 고정된 곳이기 때문에 어떤 개별적인 사
물이 어떤 특이한 현상을 보인다면 그것은 맥락에서 원인을 찾기보
다는 사물 자체에서 원인을 찾는 습관을 가지게 됩니다. 그리고 또
다른 사물들이 유사한 현상을 보이면 사물과 사물 사이에 존재하는
공통의 특성으로 범주화(categorization)하는 습관을 가지게 됩니다.
어떤 현상의 원인도 맥락이 아닌 사물 자체의 내부적인 속성에서
찾으려고 합니다. 우주의 여러 다양한 현상들도 사물 자체의 규칙
(rule)과 범주(category)로 이해할 수 있다고 믿고, 전체 맥락에서
특정 사물을 분리해내고 그 사물이 어떤 범주에 속하는지 밝혀 그
범주에 해당하는 규칙을 적용합니다.

7.3. 자연과 인간 그리고 우주

앞서 동양은 전체 맥락을 함께 고려하는 반면, 서양은 전체 맥락
에서 특정 사물을 분리하여 생각하는 특성이 있음을 살펴보았습니
다. 여기서는 좀 더 구체적으로 동서양의 자연관과 우주관에 대해
살펴보도록 하겠습니다.

7.3.1. 자연과 인간

먼저 인간과 인간이 살아가는 더 큰 맥락인 자연에 대해 살펴보
겠습니다. 앞서 동양문화는 농경문화에서 비롯되었다는 것을 살펴
보았습니다. 여러분은 농사를 지어본 적이 있나요? 농사는 정말 힘

이 듭니다. 농부가 열심히 땀을 흘려 농사를 지어도 하늘이 돕지 않으면 농사를 망치게 됩니다. 열심히 거름을 주고 잡초를 뽑는 등 정성을 기울여도 가뭄이 오래 지속된다거나 폭우가 쏟아져 홍수가 난다거나 태풍이 불면 한 해 동안 열심히 노력한 농부의 땀은 결실을 맺을 수가 없습니다. 그야말로 거대한 자연의 힘 앞에서 인간은 아주 미약한 존재일 수밖에 없습니다. 그러므로 사람들은 자연이 위대하다고 느끼고, 자연을 신성시(sacred)하게 됩니다. 위대한 자연 앞에서 느껴지는 보잘 것 없는 인간의 모습으로 인해 인간도 거대한 자연의 일부분일 뿐이라고 느끼게 됩니다. 자연을 정복의 대상으로 생각하는 서양과는 달리 동양에서 자연은 인간들이 순응하며 더불어 살아가야할 위대한 공간으로 생각을 합니다. 박종호 (1989)의 지적대로 동양에서 자연은 도처에 신령이나 혼령이 깃들어 있는 것으로 생각하여 숭배의 대상이 되기도 합니다.

서양문화는 목축, 수렵, 무역과 같은 문화에서 비롯되었다는 것을 배웠습니다. 목축, 수렵, 무역도 날씨의 영향을 받기도 하겠지만 농경문화에 비해서는 날씨의 영향이 제한적이라고 할 수 있습니다. 인간의 의지와 노력 여하에 따라 다른 결과를 얼마든지 가져올 수 있는 환경이지요. 이런 생태적 환경덕분에 자연을 극복하고 자기 의존도를 높이는 문화를 형성할 수 있었습니다. 인간의 능력이 더 위대하다고 느낄수록 자연은 극복의 대상으로 생각하고, 더 나아가 정복의 대상으로 생각하기에까지 이르렀습니다.

자연을 바라보는 생각이 다르기 때문에 동양과 서양은 서로 다른 길을 걷게 됩니다. 동양에서는 인간도 자연의 한 부분이라고 생각하기 때문에 인간이 속한 전체 맥락, 즉 자연의 이치에 순응하는 것이 건강하고 행복에 이르는 길이라고 생각을 하게 됩니다. 친환경적인(eco-friendly) 요소를 반영하는 민간요법(folk remedy)이라든지, 인간의 욕구를 줄이는데서 진정한 행복을 찾는 불교(佛敎, Buddhism)의 전통, 그리고 자연의 이치를 거스르지 않고 순응하라는 도교(道敎, Taoism)의 '무위자연(無爲自然, Leaving nature as it is)' 사상에서 동양의 이런 생각들을 엿볼 수 있습니다.

인간의 정신이 자연의 이치보다 우위를 차지한다고 믿는 서양문화에서는 개인의 창의성을 존중하게 되고, 새로운 기술을 적극 수용하는 기업문화로, 우주를 정복하려는 과학의 발달로 이어지게 됩니다. 인간의 정신을 중요하게 생각하는 서양문화에서는 관찰(observation)로 사물의 본성을 찾으려고 합니다. 예를 들어, 코끼리의 본성을 파악하기 위해 관찰자들이 다양한 위치에서 코끼리를 관찰하는 상황을 생각해봅시다. 코끼리의 본성을 정확하게 파악하기 위해서는 각자의 위치에서 관찰한 내용을 가지고 서로 발표하고 토론하겠지요. 그래서 서양에서는 말을 잘하는 것이 중요하고, 또 수사학과 웅변이 발달하게 됩니다.

이제 자연을 중요시하는 동양과 인간을 중요시하는 서양의 생각이 반영된 언어표현을 살펴보도록 하겠습니다. 아래의 예에서 보듯이, 같은 상황에서 한국어는 '있다'가 일반적으로 사용되며, 영어는 'have'가 일반적으로 사용됩니다.

(1) a. 나는 딸이 두 명 있다.

   b. I have two daughters.

왜 같은 상황에서 사용되는 다른 종류의 동사가 무엇을 암시하는 것일까요? 아래의 예에서 보듯이 '있다'는 원래 자연과 관련된 표현인 반면, 'have'는 소유의 개념을 나타내는 인간과 관련된 표현입니다.

(2) a. 언덕에는 나무가 두 그루 있다.

   b. I have a car.

한국문화에서는 사람도 자연의 일부라고 생각하기 때문에 언어 표현에서도 인간과 관련된 표현을 자연과 관련된 표현으로 나타냅니다. 반대로 영어권 문화에서는 자연보다는 인간을 중요시하기 때문에 인간과 관련된 표현을 활용하여 자연을 나타내기도 합니다.

(3) a. 한국어

   언덕에는 나무가 두 그루 있다.   (자연)

   > 나는 딸이 두 명 있다.   (인간)

   b. 영어

   I have a car.   (인간)

   > This garden has two trees.   (자연)

정리하자면, 위의 표현은 우리의 자연관이 반영되었습니다. 한국어 표현은 자연의 관점에서 인간을 묘사한 것인 반면 영어는 인간의 관점에서 자연을 묘사한 표현이라고 하겠습니다.

  한국어와 영어는 배경요소와 행위자를 묘사함에 있어서도 차이를 보입니다. 여기서 Masuda와 Nisbett(2001)의 흥미로운 실험에 대해 소개하겠습니다. 일본 교토대학교 학생들과 미국 미시간대학교 학생들에게 아래 그림과 같은 물 속 장면을 담은 애니메이션을 보여주고 자신이 본 것을 회상하게 하였습니다. (실제 실험에서는 일본어와 영어가 비교되었습니다. 하지만 이 현상과 관련하여서 한국어와 일본어가 같은 특성을 지니기 때문에 한국어와 영어를 비교하는 것으로 보아도 무방합니다.)

<그림 4> 물고기와 배경요소

일본학생들이 개별 물고기보다 전체적인 관계를 더 많이 언급하였습니다. 초점이 되는 물고기에 대해 언급한 횟수는 같았으나, 일본

학생들은 미국학생들에 비해 배경요소인 물, 바위, 물거품, 수초, 다른 동물들에 대해 60% 이상 더 언급하였습니다. 그리고 첫 문장을 일본학생들은 "연못처럼 보여요."와 같이 배경요소로부터 시작하는 반면, 미국학생들은 "There was a big fish, maybe a trout, moving off to the left."처럼 배경요소보다는 초점이 되는 물고기로부터 시작을 하였습니다.

서양인들은 초점이 되는 물고기(행위자)에 관심을 두고 서술하는 반면, 동양인들은 물고기가 움직이는 행동의 배경(맥락 또는 상황)에 관심을 두고 먼저 언급합니다. 이런 현상은 우리의 일상생활의 언어습관에서도 잘 나타납니다.

(4) a. I went to the park yesterday.

b. 어제 나는 공원에 갔습니다.

영어는 행위자를 문장의 첫머리에 두고 배경을 마지막에 말하는 반면, 한국어는 (행위자 보다) 배경을 먼저 말하는 것이 일반적입니다. 이처럼, 언어에도 자연과 인간에 대한 우리의 다른 생각이 담겨져 있습니다.

정리하자면, 농경문화에서 출발한 동양은 자연을 중요시하며 인간도 자연의 일부라고 생각하는 반면, 서양은 인간의 정신을 보다 중요시합니다.

7.3.2. 우주관

동양인들과 서양인들이 세상을 다른 시각으로 바라보는 점을 흥미롭게 보여주는 "동과 서 (1부): 동사로 세상을 보는 동양, 명사로 세상을 보는 서양"을 EBS에서 다큐프라임 시리즈로 방송한 적이 있습니다. 독자 여러분들에게도 꼭 시청해보라고 권하고 싶습니다. 앞서 살펴본 것과 같이 동양과 서양이 삶의 환경에서 달랐기 때문에 세상을 바라보는 방식도 서로 다르게 발전하였습니다. 우주를 바라볼 때도 서양과 동양은 서로 다른 시각으로 바라봅니다. 서양에서는 우주의 공간은 텅 비어있는 것으로 보고, 물체는 주변과 상관이 없고 떨어진 물체는 서로 영향을 주지 못하는 것으로 생각합니다. 반면 동양에서는 우주의 공간은 기(氣, energy)로 가득 차있는 상태로 사물들끼리 연관된 상태로 존재하고 떨어진 물체에도 영향이 미친다고 생각합니다. 예를 들어, 지구와 달이 서로 떨어져 있지만 영향을 미친다고 생각합니다. 달의 움직임에 따라 지구에서는 썰물과 밀물의 현상이 생기죠. 동양에서는 이처럼 특정 개체와 주변의 개체가 서로 영향을 미칠 수 있음을 깨닫고 있었지만 서양에서는 중력(gravity)이라는 개념이 소개되기 전까지는 썰물과 밀물 현상도 제대로 이해하지 못하였습니다. 믿기 어려울지 모르겠지만, 아리스토텔레스(Aristotle)가 돌멩이가 땅으로 떨어지는 현상이 미처 중력 때문이라고 생각하지 못하고 돌멩이에 떨어지는 특성이 있어서 땅으로 떨어지는 것으로 생각했답니다.

정리하자면, 서양에서는 물체의 행동은 물체가 갖는 특성에 따른 것으로 생각하는 반면, 동양에서는 물체는 서로에게 영향을 주고받는 것으로 생각합니다. 아래에서는 우리가 처한 상황에 대해 동양과 서양이 서로 다르게 바라보는 현상에 대해 살펴보겠습니다.

7.4. 맥락으로서의 상황

상황을 주요 맥락으로 고려하는 동양과 상황을 고려대상에서 제외하는 서양의 구체적인 문화에 대해 알아보겠습니다. 아래에서 다루게 될 내용은 철학, 교육, 언론, 법률, 국제통상 등 다양한 분야와 관련되어 있습니다.

7.4.1. 상황론과 인본주의

동양은 인간이 처한 여러 가지 상황을 중요시하는 반면, 서양은 인간의 정신을 중요시합니다. 다른 말로 하면, 동양은 상황론(situational determinism)을, 서양은 인본주의(humanism)의 입장을 취합니다. 여기서는 이런 차이점의 구체적인 예를 철학, 교육, 언론과 관련하여 살펴보겠습니다.

농경문화에서 농사의 성공 여부는 날씨의 영향이 매우 크다는 것을 앞서 살펴보았습니다. 농사를 짓기에 적당한 비와 온도가 맞는 해에는 풍년을 맞이할 것이고, 태풍이 불거나 홍수가 나는 등 날씨가 좋지 않으면 농사를 망칠 수밖에 없습니다. 인간의 노력보다는 날씨와 같은 상황에 따라 한 해 농사의 성공여부가 결정이 납니다. 이런 농경문화에서는 자연스럽게 주변 '여건'이나 '상황'이 사건이

나 인간의 행위에도 영향을 미친다고 생각하게 됩니다. 그런데 이런 상황이 우리가 조절하거나 극복할 수 있는 상황일 수도 있고, 조절할 수 없거나 극복할 수 없는 것일 수도 있습니다. 조절여부에 따라 우리는 전혀 다른—어쩌면, 매우 상반된—생각을 갖게 됩니다. '상황론(situational determinism)'과 '운명론(fatalism)'이 그것입니다.

시앙문화에서는 날씨와 같은 환경보다는 인간의 의지와 노력이 중요하다고 믿습니다. 어떤 일의 성공여부는 나—즉, 나의 지식, 의지, 노력 등—에게 달려있다고 믿습니다. 따라서 계획한 일이 뜻대로 되지 않을 때 그 일에 대해 면밀하게 분석하고 새로운 방법을 찾아 재도전하게 됩니다. 사물이나 과업을 면밀하게 분석하고 이성적이고 논리적인 사고(thinking)를 하는 것을 합리주의(rationalism)라고 합니다. 하지만 동양문화에서는 마음먹은 일이 뜻대로 되지 않을 때, 그 일을 면밀하게 분석하거나 이성적으로 해결책을 찾는 대신 '조상 탓', '팔자소관'으로 치부해버리는 경우가 많습니다(cf. 박종호 1989). 이런 생각을 운명론(fatalism)이라고 합니다.

여러분이 극복하기 힘든 어려운 상황에 놓이게 되었을 때, 여러분의 미래를 운명의 탓으로 돌리는 것은 분명 합리적인 생각은 아닙니다. 어려운 상황을 타개하기 위해 분석하고 논리적으로 해결책을 찾도록 해야겠지요. 그런데 상황이 인간의 행위에 영향을 미칠 수 있다는 생각이 반드시 나쁜 영향을 미치는 것만은 아닙니다. 이제 이런 생각이 긍정적인 영향을 미치는 측면을 살펴보도록 하겠습니다. '교육'의 문제를 살펴보도록 합시다. 공부할 수 있는 여건과 환경만 잘 갖추어준다면 자녀가 공부를 잘 할 수 있다고 생각해보세요. 부모의 입장에서는 어떤 희생을 치르더라도 자녀가 공부를 잘 할 수 있는 여건과 환경을 꼭 만들어주고 싶겠지요. 공부를 잘 할 수 있는 여건을 만들어주기 위해 학원도 보내고 과외도 시키고…. 이런 교육열 덕분에 우리나라도 이렇게 잘 살게 된 것이 아닐까요?

"우리 애는 머리는 좋은데 공부를 안 해요."란 표현을 직접적으로나 간접적으로 들어본 적이 있을 것입니다. 만약 자녀가 공부를 잘 하지 못하더라도 부모의 입장에서는 그 원인을 자녀에게서 찾기보다는 환경에서 찾기 때문입니다. 환경만 갖추어주면 자녀가 공부를 잘 할 수 있다는 믿음 때문에 자녀가 싫어하는 과외를 억지로라도 시키려고 하는 것이겠지요. 그런데 우리는 잘 선택을 해야 합니다. 교육(敎育)을 할 것인지? 아니면 education을 할 것인지? '교육'은 '가르치고 기르다'는 뜻입니다. 동양에서의 교육은 기존의 사회질서 속에서 잘 순응하도록 가르치고 기르는 것을 '교육'이라고 생각합니다. 'education'은 'ex(=out)+ ducere(=lead)'에서 파생된 단어로 '이끌어내다'의 의미입니다. 서양에서는 창의적이고 개성이 있는 사람이 되도록 개인의 타고난 재능을 이끌어내는 것을 'education'이라고 생각합니다.

환경 또는 상황을 바라보는 동양과 서양의 차이를 알아보기 위해 여기서는 비극적인 사건을 하나 소개하겠습니다. 2007년 어느 봄, 미국의 버지니아 공과대학교에서 우리 사회에 큰 충격을 안겨준 사건이 발생합니다. 한국 교포 조승희란 학생이 총기를 난사하여 수십 명의 학생들의 목숨을 앗아간 사건입니다. 이 안타까운 사건을 보도하는 기사에서도 서양인의 생각과 동양인의 생각에 차이가 있음을 알 수 있습니다. 외신 기자는 범죄자의 성격을 자주 언급하는 반면, 한국 기자는 범죄자가 처했던 환경을 자주 언급합니다. 아래의 (5)와 (6)은 각각 외신기자와 한국기자의 글에서 필요한 부분만 발췌하였습니다.

(5) 외신기자의 글[1)

    a. 내성적 성격에 공격성 내비치지는 않아

    b. 정신병력에 과속운전 경력

    c. 학내활동이나 교우관계 없이 소심한 생활

    d. 어떤 성격의 사람이었는지를 캐내 이번 사건의 동기와 연관 지으려

    e. 혼자서 점심식사를 하고

    f. 점심시간 내내 한마디의 말도 꺼내지 않았다

    g. 정신병력이 있음을 확인

    h. 과속 운전 단속에 적발

(6) 한국기자의 글[2)

    a. 교포 1.5세대 부적응 스트레스 참극 불렀을 수도

    b. 부적응 흔적들이 발견

    c. 미국과 한국의 이질적인 문화

    d. 한국인 부모들의 지나친 기대와 교육열

---

1) 이데일리의 '외신이 묘사한 조승희는 어떤 인물?'.
http://www.edaily.co.kr/news/NewsRead.edy?SCD=JH31&newsid=01758086583097432&DCD=A00803&OutLnkChk=Y
2) 연합뉴스의 기사: '교포 1.5세대 부적응 스트레스 참극 불렀을 수도'.
http://news.naver.com/main/read.nhn?mode=LSD&mid=sec&sid1=104&oid=001&aid=0001609446

  e. 순수 유학생과 1.5세대 교포학생, 시민권자 출신 학생들
   간에도 눈에 보이지 않는 갈등
  f. 여자 친구 문제

 외신 기자는 범죄자의 성격에서 사건의 원인을 찾으려고 합니다.
외신기자는 내성적인 성격, 정신병력, 과속운전(조급함), 교우관계
가 원만치 못할 정도의 소심함을 언급합니다. 반면 한국 기자는 범
죄자가 처한 환경에 초점을 둡니다. 이민 후의 이질적인 문화, 부모
의 지나친 기대, 유학생과 교포학생들 사이의 갈등과 같은 외부 요
인으로 눈을 돌립니다. 서양인들은 사건의 원인을 사건을 유발한
사람에 한정하여 성격과 같은 내적 요소에서 찾으려고 하는데 반
해, 동양인들은 그를 둘러싸고 있는 외적 환경이나 상황에서 찾으
려고 합니다.

7.4.2. 상황과 원칙

 동양은 사람이 처한 상황을 고려하는 반면, 서양은 상황을 배제
하고 원칙을 따르려고 합니다. 이런 동서양의 차이를 법률 및 국제
통상과 관련된 구체적인 예를 통해 살펴보겠습니다.

 법정(law court)에서도 동양과 서양의 차이가 상황의 고려 여부
로 나타납니다. 예전에 미국과 한국에서 유사한 법정 프로그램을
방송한 적이 있었습니다. 미국 CBS에서 방송한 'Judge Judy'와
KBS에서 방송한 'TV생활법정'입니다.

<그림 5> Judge Judy가 심리하는 장면

유사한 사건에서 'TV생활법정'에서 판사의 역할을 하는 황산성 변호
사와 'Judge Judy'에서 맨해튼가정법원 판사 출신인 Judy Sheindlin
은 전혀 다른 시각에서 사건을 바라봅니다. 황산성 변호사는 사건을
바라볼 때 사건만 바라보는 것이 아니라 사건의 전후 상황을 살핍니
다. A와 B사이에 분쟁이 발생한 경우, 해당 사건만 바라보았을 때는
A에게 잘못이 있지만, 사건의 전후 상황―예를 들어, 사건이 일어나
기 전에 A가 B에게 친절한 호의를 베푼 경우―을 고려하면 A가 B
에게 잘한 점을 부각시키면서 서로 화해(reconciliation)할 것을 설득
하고 달래고 권합니다. 그런데 Judge Judy는 전혀 다른 시각으로
사건을 바라봅니다. 오직 해당 사건만 바라봅니다. A가 사건이 일
어나기 이전 B에게 베푼 호의에 대해 얘기하지만, Judge Judy는
그 호의가 이번 사건과 관련이 있느냐고 묻습니다. A는 관련이 없
다고 말합니다. Judge Judy는 사건과 관련이 없는 얘기는 법정에서
더 이상 하지 말라고 단호하게 말합니다. 물론 A에게 잘못을 묻고
B에게 배상해주라는 판결을 내립니다. 미국의 법정에서는 앞서 아
무리 호의를 베풀었더라도 사건과 관련이 없다면 그런 맥락 또는

상황은 무시해버립니다.

나라들 간의 통상 거래에서도 동서양의 문화차이가 드러납니다. 1970년대 설탕 계약과 관련하여 일본과 호주 사이에 분쟁이 발생한 적이 있습니다. 일본의 설탕 제조업자들이 호주의 설탕 공급자들로부터 5년 동안 1톤당 160달러에 공급받기로 계약을 맺습니다. 그런데 그 이후 설탕 가격이 폭락하자 일본 측에서는 계약 내용을 변경해달라고 요청하였습니다. 하지만 호주 측에서는 계약은 계약이라고 주장하면서 변경요청을 받아들이지 않았습니다. 호주 사람들은 계약 내용에 충실하려고한 반면, 일본 사람들은 상황이 달라졌으므로 상황에 따른 변화를 요구한 것입니다. 이렇듯 사건—여기서는 계약 내용—만 바라볼 것이냐 아니면 사건이 벌어지는 상황—여기서는 가격의 폭락—도 함께 고려할 것이냐에 따라 서양과 동양 사이에 나라 간의 무역 분쟁도 생길 수 있습니다.

서양인들이 동양인들에 비해 (특수한 상황은 고려하지 않고) 일반적인 원리와 원칙을 더 존중하는 습관을 지니고 있습니다. 미국인들은 서부를 개척하는 환경으로 인해 더욱 더 법(law)을 준수하는 것에 철저하게 되었습니다(김형인 2008). 미국은 이민(immigration)의 나라로 동부에서 출발하여 서부의 개척지로 영토를 넓혀갑니다. 유럽의 혈통적 권위나 아시아의 가족의 우애와 같은 기존 질서가 없는 곳으로, 스스로 법을 만들고 그 법을 통해 공동체의 질서를 유지하였습니다. 서부 개척지의 삶으로 인해 법을 지켜야만 공동체를 유지할 수 있다는 점을 깨닫고 법치주의(constitutionalism)의 가치를 무엇보다도 소중하게 생각하게 된 것입니다.

7.5. 우리들 속의 동과 서

앞서 우리는 동양인들에게 세상은 고정된 것이 아니라 변화무상 (變化無常)하다는 것을 살펴보았습니다. 이렇게 변화가 심한 세상 에서 원칙을 지키면서 살아갈 수 있을까요? 주변에서 흔히 이런 말 을 종종 듣습니다. "세상 살다보면 그럴 수도 있지!" 변화무상한 세상에서 '경우(상황)에 따라 원칙을 어길 수도 있다'라는 의미이겠 지요. 마음먹고 일을 하려는데, 주변에서 일을 힘들게 하는 이런저 런 일들이 발생합니다. 그런데 정말 태풍, 홍수와 같은 천재지변으 로 인간의 힘으로는 도저히 할 수 없는 불가항력적인 일도 있겠지 만, 그렇지 않은 일에도 상황을 핑계로 해야 할 일을 미루거나 회 피하는 일은 없을까요?

서양인들에게 세상은 고정된 것입니다. 세상은 변하는 것이 아닙니 다. 상황이라는 것이 그들에게는 그렇게 중요하지 않습니다. 그들에게 는 원칙이 중요하죠. "A rule is a rule!"이란 표현이 있죠. 규칙은 바꿀 수 없으니 규칙에 따라야 한다는 의미겠지요. 그만큼 원칙 또 는 규칙을 존중한다는 뜻입니다. 여러분은 "세상 살다보면 그럴 수도 있지!"에 동의합니까? 아니면 "규칙은 규칙이야!"에 동의합니까?

우리 주변에서 자주 일어나는 예를 들어보겠습니다. 철수가 몸이 아파서 병원에 간다고 수업을 빠졌습니다. 철수가 선생님에게 와서 병원을 가야하는 상황 때문에 수업을 빠지게 되었으니, 그런 상황 을 고려하여 (아무런 이유 없이 수업을 빠지는 무단결석과는 다르니 까) 수업에 출석한 것으로 인정해달라고 요청을 합니다. (간혹 요구를 하는 학생들도 있습니다.) 한국인 선생님들은 대체로 출석으로 인정을 해줍니다. 상황을 고려하여.... 하지만 서양인 선생님들은 대체로 이런 요청을 이해하지 못합니다. 'absent'란 말은 수업에 없었다란 말이니까, 어떤 이유에서든 수업에 나타나지 않았으면 '결석'이 되는 것이지요. 이런 선생님을 만나면, 여러분은 원칙을 따르는 그의 생각을 존중합니까? 융통성 없는 매정한 사람으로 치부합니까?

여러분은 특수한 상황을 고려하여 출석으로 인정하는 문화가 좋습니까? 아니면 원칙대로 결석으로 처리하는 문화가 좋습니까? 두 문화 모두 장단점이 있겠지요. 피치 못할 상황으로 어떤 바람직하지 않은 행동을 했을 때, 누군가 그 상황에 처한 나의 행동을 이해해준다면 얼마나 좋을까요? 그런 사람을 우리는 흔히 '융통성이 있고, 원만하고, 좋은' 사람이라고 합니다. 특수한 상황을 무시한 채 원칙을 지키는 사람은 '앞뒤가 막힌, 고지식한, 융통성이 없는(간혹 심지어 나쁜)' 사람이라고 합니다. 한 개인을 생각하면 특수한 상황을 고려해주는 것이 분명히 좋겠지요.

하지만 집단 혹은 사회 전체를 생각하면 특수한 상황을 무조건 다 고려할 수는 없겠지요. 특수한 상황을 어디까지 인정할 것인가라는 문제가 발생합니다. 예전에 취업한 4학년 2학기 학생들에게 수강을 하지 않더라도 학점을 주던 관행이 있었습니다. 취업증명서를 제출하면.... 그런데 어떤 학생이 찾아와서 취업을 했으니 수강을 하지 않고도 학점을 달라고 요청을 하였습니다. 어디에 취업을 했느냐고 물으니, 동네 주유소에서 아르바이트를 한다고 하였습니다. 그의 특수한 상황을 고려하여 (정식 취업은 아니지만, (그래서 더) 스트레스를 받으며 힘들게 일하는 상황을 생각하여) 학점을 주는 것이 좋은가요? 혹은 올바른 일인가요? 요즘처럼 정말 취업이 힘든 상황에서, 4학년 1학기에 취업을 하였습니다. 아니면 3학년 2학기에 취업을 하였습니다. 혹은 더 이른 학기에 취업을 하였습니다. 수업에는 참여할 수 없는데 출석으로 인정하고 학점을 주어야 할까요? 몇 학년, 몇 학기 학생들까지 인정을 하면 좋을까요? 이런 상황에 또 본인이 돈을 벌지 않으면 가족생계가 어려워지는 상황이 보태어지면 결정은 더 어려워지겠지요.

교통문화에서도 특수한 상황을 강조하여 예외로 인정받기를 원하는 경우를 주변에서 흔히 목격하게 됩니다. 아래 그림은 영남매일 YN뉴스의 "이상한 주차단속 시민불만고조"란 제목의 기사와 함께 실린 사진입니다.[3]

<그림 6> 불법 주차 및 불법 주행하는 차량들

---

3) 영남매일 YN뉴스의 기사 '김해시 이상한 주차단속 시민불만고조'
   http://www.ynnews.kr/news/articleView.html?idxno=79842

정해진 합법적인 주차공간이 아닌 곳에 주차하려는 시도들.... "잠시만 볼 일을 보면 되니까, (혼잡하지만) 잠시만 주차할게요." "갑자기 비가 내려서 (가까운 곳에) 주차할 수밖에 없네요." "날씨가 너무 더워서 (또는 추워서) (가까운 곳에) 주차할게요." 다른 사람들의 불편은 아랑곳하지 않습니다. 세상을 살다보면 그럴 수도 있지?! 잠시 편의를 봐주는 것이 어때서?! 우리들은 서로 이해할 수 있지만 질서를 중요시하는 서양인들—또는 정의를 중요시하는 한국인들—의 눈에는 매우 무질서한 것으로 비쳐지겠지요.

개인의 특수성을 일일이 다 인정하다보면 사회나 공동체 전체의 원칙이 무너질 수도 있습니다. 원칙주의자들은 이런 점을 우려하는 것이겠지요. 이런저런 이유 때문에 교통법규를 위반하였습니다. 특수한 상황이니까 봐주세요. 이런저런 이유 때문에 군대를 갈 수가 없습니다. 특수한 상황에 놓인 나는 입대를 면제해주세요. 이런저런 급한 용무가 있으니 대기 순서를 어겨서라도 내 업무만 빨리 처리해주세요. 정말 긴급하고 중요한 상황에서는 원칙에서 벗어나 상황을 고려하여 예외적으로 일을 처리하는 것이 좋고 또 필요할 수도 있습니다. 하지만 너 나 할 것 없이 모두가 특수성을 요구한다면 원칙은 무너져버리겠지요. 잘못된 특수성의 요구는 곧 부정과 부패로 연결됩니다. 상황과 원칙! 참 어려운 문제입니다.

⊙⊙⊙⊙⊙⊙⊙⊙⊙

❀ 엔트로피 법칙(Entropy Law)

물리학의 열역학의 제1법칙은 유명한 에너지 보존(energy conservation)의 법칙입니다. 제2법칙이 바로 '엔트로피 법칙'입니다. 엔트로피 법칙은 자연 상태에서 질서가 무질서로 진행된다는 법칙입니다. 예를 들어, 나무가 불에 타서 재로 변할 수는 있지만 재가 다시 나무로 변할 수는 없다는 것입니다. 이 법칙은 우리의 일반생활에서도 잘―완벽하게 같지는 않지만―적용되는 것 같습니다. 정리된 방을 어질러 놓는 것은 순식간의 일입니다. 하지만 어질러진 방을 정돈하는 데에는 오랜 시간이 걸립니다. 사회 질서도 마찬가지가 아닐까요? 질서가 무너지는 것은 순식간이지만, 질서를 회복하는 데에는 많은 노력과 시간이 필요한 것입니다.

⊙⊙⊙⊙⊙⊙⊙⊙⊙

8번째 이야기

관계 & 동과 서 II

8.1. 어떻게 보는가?

8.2. 관계

　8.2.1. 이웃과의 관계: 집단주의 vs. 개인주의

　8.2.2. 전체와 나의 관계

8.3. 입장

8.4. 정의란 무엇인가?

8.1. 어떻게 보는가?

대상을 바라봄에 있어서 동양과 서양은 서로 다른 방식으로 바라 봅니다. 동양과 서양이 대상을 다른 방식으로 본다는 것을 보여주 는 흥미로운 실험이 있습니다. 여기서 Ji 외(2004)의 실험을 소개하 겠습니다. 여러분은 아래 그림에 제시된 세 가지 대상들 중에서 가 장 관련이 있는 두 개를 선택하라면 어떤 것을 선택하겠습니까?

<그림 1> 특성에 의한 분류와 관계에 의한 분류

서양인들—정확히는, 미국인들—은 동물이라는 동일한 범주에 속하는 팬다와 원숭이를 선택한 반면, 동양인들—정확히는, 중국인들—은 원숭이는 바나나를 좋아한다와 같은 서로의 관련성에 기초해 원숭이와 바나나를 선택하는 경향이 높았습니다. 여러분은 어떤 선택을 하였습니까? 서양인들은 대상의 특성을 고려하여 분류를 한 반면, 동양인들은 대상과 대상 사이의 관련성으로 분류를 한 것입니다.

동양은 하나로 연결된 거대한 장(場, field) 속에서 개체들이 서로 상호 작용을 한다고 생각하는 반면, 서양에서는 개체들은 서로 독립적이라고 생각합니다. 따라서 동양인들은 개체들끼리의 연관성으로 사물들을 분류하는 반면, 서양인들은 개체들이 갖는 특성을 분석(analysis)하고 같은 특성을 지닌 유형끼리 분류합니다. 이런 서양의 분석적인 사고(analytic thinking)는 지식의 축적과 과학발전에 커다란 도움이 되었습니다.

어머니와 아이 사이의 놀이를 통한 대화에서도 동양과 서양은 차이가 납니다. Fernald와 Morikawa(1993)의 연구를 소개하도록 하겠습니다. 유아(infant, 6개월-19개월)들과 장난감으로 놀이를 하는 서양—정확히는, 미국—의 어머니들과 동양—정확히는, 일본—의 어머니들을 관찰하였습니다. 그들의 관찰에 의하면 서양과 동양의 어머니들과 아이와의 대화에서 각각 아래와 같은 말을 주로 사용하였습니다.

(1) 서양 어머니

    "That's a car. See the car? You like it? It's got nice wheels."

(2) 동양 어머니

    "자, 부릉부릉. 여기 있어요. 이것 주세요. 주세요. 네. 고마워."

문화적인 차이로 서양 어머니와 동양 어머니는 다른 측면에 초점을 맞춘 것입니다. 서양 어머니들은 사물에 초점을 맞춘 반면, 동양의 어머니는 사물 자체보다는 예의를 갖추어 사물을 주고받는 것에 초점을 둔 것입니다. 서양인들은 사물 자체에 관심을 두는 반면, 동양인들은 사물을 통해 사람들 간의 관계에 관심을 둔다고 할 수 있습니다.

    Nisbett(2003: 1장)에 지적되어 있듯이, 서양인들은 사물을 문맥과는 독립된 것으로 보고 사물의 속성 자체에 관심을 기울입니다. 그리고 그 속성에 근거하여 범주화하고, 그 범주들을 사용하여 규칙을 만들어 사물의 움직임을 그 규칙으로 설명하고자 합니다. 서양인들은 변화를 인정하지 않는 직선적(linear) 사고와 이것 아니면 저것(either-or)의 이분법적(dichotomous) 사고방식을 갖습니다. 이런 서양인의 분석적 사고는 앞서 언급하였듯이 과학의 발전에 많은 도움이 되었습니다. 하지만 세상을 지나치게 단순화하거나 어떤 사물의 추상적인 속성으로 사물의 모든 행동을 설명하려는 잘못된 점 또한 있습니다.

이에 반해 동양인들은 사물 자체 보다는 사물과의 관계에 관심을 기울입니다. 음양(陰陽, feminie, dark, passive vs. masculine, light, active)의 원리, 조화, 부분보다는 전체, 사물들의 상호 관련성에 관심을 기울입니다. 세상은 변하기 때문에 정확하게 범주화하여 이해하는 것이 불가능하다고 생각합니다. 이런 동양인들의 사고는 전체 맥락을 중요시하기 때문에 가변적인 상황을 잘 이해할 수 있는 장점도 있지만, 범주에 존재하는 규칙을 무시하거나 사물의 행동을 효과적으로 설명을 하지 못하는 단점도 있습니다. 아래에서는 관계와 관련하여 두 문화의 차이점을 좀 더 자세히 살펴보겠습니다.

8.2. 관계

관계를 이웃들 간의 관계와 전체와 개인의 관계로 나누어 살펴보겠습니다.

8.2.1. 이웃과의 관계: 집단주의 vs. 개인주의

농경문화에서는 구성원이 독립된 개체로 살아가기보다는 서로가 서로에게 도움을 주고받으며 살아갈 수밖에 없습니다. 이런 사회에서는 구성원들은 자기가 속한 사회나 다른 구성원들과 강한 연대감 속에서 살아가기를 원합니다. 동양은 이런 집단문화의 성격이 강한 공동사회(Gemeinshaft)의 특징을 가지고 있습니다. 반면에 목축과 무역을 중심으로 하는 문화에서는 구성원들이 이웃들과 서로 도움을 주고받으며 살 필요가 없습니다. 이런 사회에서는 자신과 이웃들 사이에 일정한 거리를 두고 싶어 하며 독립적이고 자유롭게 살아가기를 원합니다. 서양사회는 이렇게 이웃과의 관계보다는 개인을 우선시 하는 이익사회(Geselshaft)의 성격을 지니고 있습니다.

개인주의 사회에서는 개인(individual)의 행복, 성공, 감정에 초점을 둡니다. 부모나 다른 사람들에 의존하지 않고 독립적(independent)으로 살아가는 것을 중요하게 생각하고 또 자녀들에게 그렇게 하도록 가르칩니다. 각자 개인이 자신감(self-confidence)과 자긍심(self-esteem)을 갖도록 가르칩니다. 개인 각각은 특별한 사람(someone special)으로 존중 받아야 한다고 생각합니다. 어떤 과업이 주어졌을 때, 모두가 같은 방식으로 일을 하게 되면 다른 사람과 비교가 되어 자연스럽게 서열이 생길 수밖에 없겠죠. 하지만 주어진 과업을 각자가 지닌 개성을 살려 일을 하게 되면 서로가 색다르고 나름대로의 특별한 결과를 얻게 되겠지요. 서양에서는 이처럼 각자의 개성을 살리는 일을 매우 소중하게 생각합니다.

집단문화에서는 개인이 속한 사회에 대한 애착심이 강합니다. 특히 우리는 '고향'에 대한 애향심은 각별합니다. 설이나 한가위가 되면 거의 모든 사람들이 뿌리라고 생각하는 고향을 찾고 이웃들과 정과 음식을 나눕니다. 서양사회에도 '고향'의 대응어로 'hometown'과 같은 단어가 있지만, 우리가 생각하는 '고향'과는 매우 다릅니다. 고향 어르신, 고향 선배, 고향 친구, 고향 후배를 각별하게 생각하고, 또 향우회 등 각종 모임을 통해 연대감을 확인하는 경우를 주변에서 흔히 볼 수 있습니다. 같은 마을에서 태어나고 성장하면서 공유했던 여러 가지 추억과 정을 나누는 것이죠. 평상시 음식을 먹을 때도 집단문화의 특징이 잘 드러납니다. 식탁에서 밥과 국을 제외한 나머지 반찬들은 식탁에 앉은 모두가 공유를 합니다(박종호 1989).

이주를 하지 않고 한 마을에서 오랜 시간동안 함께 사는 시골 마을을 생각해보세요. 서로에 대해 잘 알게 되겠죠. 누구 집에 어떤 일이 있는지 서로가 잘 알게 될 것입니다. 이렇게 구성원 간의 공유된 지식이 많은 문화를 Hall(1989)은 '고맥락(high-context) 문화'라고 부릅니다. 반대로 이동이 잦아 구성원들 간의 공유된 지식이 별로 없는 문화를 '저맥락(low-context) 문화'라고 부릅니다. 앞으로 살펴보겠지만, 사회가 고맥락 문화인지 저맥락 문화인지에 따라 매우 다른 양상을 보입니다. 여기서 Tajfel 외(1971)가 소개한 '내집단(ingroup)'과 '외집단(outgroup)'의 개념을 잠시 살펴보겠습니다. 내집단이란 개인이 심리적으로 자기가 그 집단의 구성원이라고 생각하는 집단을, 외집단이란 그렇지 않은 집단을 말합니다. 그런데 Hall에 의하면, 고맥락 사회에서는 개인이 내집단의 다른 구성원들과 매우 유사하다고 느끼며 외집단의 구성원들보다는 훨씬 더 신뢰를 합니다. 반면 저맥락 사회에서는 개인이 내집단의 구성원들과도 일정한 거리를 두고 싶어 하며, 내집단과 외집단을 구분하지 않고 보편적인 행동원리를 따릅니다.

농지를 중심으로 오랜 시간동안 함께 생활을 하다보면 어떤 좋지 않거나 불만족스러운 일이 닥쳐도 그 일을 일으킨 원인 제공자에게 따지기가 힘이 듭니다. 왜냐하면 살다보면 비슷한 일을 내가 일으킬 수도 있기 때문이죠. 그러니 서로가 서로를 이해하고 서로의 잘못을 감싸 안아야겠지요. 고맥락 또는 집단 문화에서는 '화목(harmony)'이 무엇보다도 중요한 덕목입니다. 특히 내집단 내에서는 개인이 손해나 희생을 감수하고서라도 이웃과의 화목을 우선시해야 합니다. 내집단과 외집단 구분 없이 보편적인 행동원리를 따르는 저맥락 또는 개인 문화권의 사람들과는 다른 행동방식이지요.

개인이 속한 문화에 따라 행복의 기준도 달라집니다. 집단문화에서는 집단의 일원으로서 다른 구성원들로부터 인정을 받고 그들과 화목하게 지내는 데에서 행복감을 느낍니다. 다른 사람들로부터 인정을 받기 위해서는 '겸손'과 '양보'가 필요하겠죠. 하지만 개인문화에서는 개인이 가지고 있는 자질을 마음껏 발휘하는 데에서 행복감을 찾습니다. 동양문화와 서양문화는 행복의 기준이 서로 다른 데에 있다고 할 수 있습니다. 서양문화는 행복의 기준이 자신에게 있는 반면, 동양문화는 행복의 기준이 주변의 사람이 자신을 어떻게 평가하느냐에 달려있습니다. 다른 말로 하자면, 행복과 관련하여 서양인들은 내적 기준을 가지고 있는 반면, 동양인들은 외적 기준을 가지고 있다고 할 수 있습니다.

'일반화된 타자(generalized other)'란 말이 있습니다. Mead(1934)의 용어로, 다른 사람들이 보는 나의 이미지를 일컫는 말로 사용됩니다. 다른 사람들 눈에 비춰진 나의 모습이 동양사회에서는 매우 중요합니다. 일상생활에서 예를 들어, 내가 좋아하는 옷이나 머리 스타일이 있는데 친구들의 평가가 그런 스타일은 나에게 어울리지 않는다고 하면 그런 스타일을 회피하게 되죠. 계절이 바뀌는 시절에는 온도에 따라 옷을 선택하는 것이 아니라 다른 사람들은 어떤 옷을 입었는지 시선을 주변 사람들에게로 돌립니다. 남을 의식해서 튀지 않아야 하기에 직업을 선택할 때도 본인이 좋아하는 직업보다는 부모님이나 친구들이 좋아하는 직업을 선택하는 경우가 많은 것 같아요. 심지어 배우자를 선택할 때도 자기가 좋아하는 사람보다는 부모님이나 주변의 사람들이 좋아할만한 사람을 선택하는 것 같기도 합니다.

집단문화에 뿌리를 둔 동양사회에서는 사람과 사람 사이의 관계를 중요시여기기 때문에 어쩌면 개인의 '능력'보다는 소위 '연줄(connections)'을 매우 소중하게 여깁니다. '연줄'에는 여러 종류가 있습니다. 소위 말하는 '지연(地緣)', '학연(學緣)', '혈연(血緣)' 등이 그것입니다. 지연, 학연, 혈연에도 긍정적인 측면도 있습니다. 예를 들어, 위기가 왔을 때 혼자서 노력하기보다, 마을, 학교, 가족 모두가 서로 돕고 힘을 합쳐서 위기를 극복하고 더 잘 살 수 있다면 얼마나 좋은 일인가요. 하지만 우리사회에 '낙하산' 문화와 같은 병폐도 있습니다. 능력보다는 연줄이 중요한 요인이 되어서, 능력 없는 사람들이 각종 기관의 중요한 자리를 차지해버립니다. 반면 개인문화에 뿌리를 둔 서양사회에서는 '연줄'보다는 개인의 '능력'이 중요합니다(cf. Kalton 1979; 박종호 1989). 여러분은 '연줄'과 '능력' 중에서 어떤 요소가 더 중요하다고 생각하십니까? '연줄'만 좋으면 살기 좋은 나라가 좋은 나라일까요? 아니면 '능력'만 있으면 살기 좋은 나라가 좋은 나라일까요?

8.2.2. 전체와 나의 관계

집단주의 문화는 전체와 개인의 관계를 바라보는 시각도 개인주의 문화와는 다릅니다. 여기서는 전체 속에서의 개인의 역할과 개인과 집단의 동일시와 관련된 현상을 살펴보겠습니다.

8.2.2.1. 집단 속에서의 개인의 역할

동양의 집단문화에서는 구성원들 간의 화목이 무엇보다도 중요하고, 집단을 조화롭게 잘 유지할 질서체계가 필요하였습니다. 유교(Confucianism)가 바로 이런 질서체계의 역할을 합니다. 동양문화에서 뿌리 깊은 유교문화의 영향으로 '삼강오륜(三綱五倫, Three Bonds and Five Relationships)'과 같은 생활철학이 동양 사람들의 의식구조 속에 강하게 자리 잡게 됩니다. 삼강오륜의 요지는 사회조직에서 개인은 주어진 역할에 충실하라는 것입니다. 그런데 역할이 강조되는 이 생활철학은 인간관계에서 평등하지 않습니다. 임금과 신하, 부모와 자식, 남편과 아내 사이에는 역할과 상하의 구별이 엄격합니다. 반면 서양사회는 기독교 문화의 영향으로 사람은 누구나 평등하게 태어났다고 믿습니다. 특히 청교도의 영향으로 직업에는 귀천이 없고 신으로부터 부여받은 자유와 권리는 평등하다고 믿습니다. 어떤 직업이든 신이 부여한 일을 충실히 이행하는 것이 신의 뜻이라고 생각하는 것이죠.

동양문화의 대표적인 위계질서는 아마 나이(age)일 것입니다. 앞서 언급한 '오륜(Five Relationships)' 중에 '장유유서(長幼有序; Elders First)'란 것이 있습니다. 어른과 아이는 순서가 있다는 뜻입니다. "찬물에도 순서가 있다."라는 말이 있습니다. 아무리 하찮은 것에서도 어른을 우선해야 한다는 것이죠. 식사 때에도 어른이 먼저 수저를 들고난 후에야 아이들이 식사를 시작할 수 있습니다. 승강기를

탈 때도 어른이 먼저 타도록 배려합니다. 버스나 지하철에서 어른
이 먼저 자리에 앉도록 배려를 합니다.

　동양문화에서 또 다른 위계질서는 사회적인 '지위(status)'일 것
입니다. 각 개인이 평등하다고 믿는 서양사회와는 달리 동양사회에
서는 사회적인 지위에 따라 소위 '갑을(甲乙)관계(boss-subordinate
relationship)'가 형성될 수 있습니다. 사장-직원, 교사-학생, 공무원-
시민, 부모-자식 등의 관계를 생각해보세요. (물론 민주적인 사고방
식을 가진 사람들은 당연히 예외이겠지요.) 이런 갑을관계에서 갑
은 '권위의식(power of their positions)'을 느끼고 또 즐기려고 하
겠죠. ('노블레스 오블리주'를 느끼면 좋으련만....)

　'평등(equality)'은 미국을 상징하는 개념들 중의 하나입니다.
1828년 세계에서 가장 먼저 남자 보통선거로 대통령을 뽑고 여성
의 투표도 가장 먼저 실시를 하였습니다(김형인 2008). 위계질서나
권위의식보다는 평등의식이 매우 강하다는 것을 보여주는 하나의
예입니다. 권위적이기보다는 실용적으로 복장에서도 (지역이나 직
장에 따라 다르겠지만) 정장차림 보다는 캐주얼한 복장을 즐겨 입
는답니다.

　회의에서도 동양과 서양의 차이가 나타납니다. 서양에서는 지위
와 상관없이 자기의 생각을 밝히고 자유롭게 아이디어를 교환하는
데 반해, 동양에서는 사장이 사전에 정해진 생각을 밝히면 나머지
회의 참석자들은 토론 없이 사장님의 지시사항을 귀담아 듣고 받아
씁니다. '회의'의 개념이 서로 다른 것이죠. 우리 사회에서는 회의석

상에서 잘못 말하다가 찍히면 안 된다는 생각을 가지고 있죠. "가만히 있으면 중간은 할 텐데, 괜히 말을 해서.... 긁어 부스럼이야...." 서양사회에서 아무런 말도 하지 않고 사장님의 지시사항만 받아쓰기만 한다면 무능한 사람으로 낙인이 찍힐 가능성이 높습니다.

언어에서도 집단문화와 개인문화의 차이가 드러납니다. 영어는 화자와 청자를 지칭할 때 각각 대명사 'I'와 'you'를 사용합니다. 하지만 한국어는 주어진 상황에서의 역할로 표현을 자주 사용합니다. 예를 들어, 엄마가 아이에게 얘기를 할 때 '나'라는 대명사 대신에 '엄마'라는 표현을 사용합니다.

(3) a. I will do it for you.

　　b. 엄마가 해줄게.

젊은 연인들 사이에도 "오빠가 해줄게."처럼 대명사 대신에 두 사람 사이의 관계를 나타내는 표현을 사용합니다.

격식을 차려야 하는 사회적인 상황에서도 청자를 지칭할 때 사용하는 표현에서 동서양의 차이를 보입니다. 영어는 일반적으로 대명사 'you'를 사용합니다. 하지만 우리는 청자를 지칭할 때 사회 속에서 그 사람이 맡은 역할로서 지칭할 때가 많습니다. 특히 청자가 사회적인 신분이 높을 때 직함(title)을 사용하는 경우가 일반적입니다.

(4) a. Could you do it, please?

　　b. 사장님께서 좀 해주세요.

집단문화에서 한 개인은 그 사람이 사회 속에서 맡은 그의 역할로서 평가됩니다. 반면 개인문화에서는 한 개인 자체의 인성과 자질이 중요하게 평가되지 그 역할이 그렇게 중요하게 평가되지 않습니다.

8.2.2.2. 개인과 집단의 동일시

농경문화에서는 한 개인의 능력보다는 마을 전체가 합심하는 것이 무엇보다도 중요하다는 것을 앞서 살펴보았습니다. 농경문화에서 개인은 공동체를 떠나서 독립된 존재로 살아가기는 매우 어렵습니다. 마을이 잘 되어야 내가 잘 될 수가 있는 것이죠. 내가 사는 마을이 곧 나 자신과 다름이 없다고 생각하게 됩니다. 즉, 개인과 개인이 속한 집단과는 불과분의(inseparable) 관계인 셈이죠. 이처럼 우리는 개인이 속한 공동체와 개인을 동일시하는 경향이 있습니다.

개인이 속한 공동체와 개인을 동일시하는 것은 고향에만 그치지 않습니다. 개인이 속한 직업, 직장, 지역 등도 마찬가지입니다. 예를 들어, 어떤 영화에서 특정 직업을 가진 등장인물이 나쁘게 묘사될 때, 그 특정 직업군의 사람들은 영화를 상영하지 못하게 결사반대를 외칩니다. 1980년대에 자신의 불륜을 위해 남편을 살해하는 여인을 다룬 'The Postman Always Rings Twice'라는 영화가 우리나라에 상영된 적이 있었습니다. 처음 영화를 상영하기 시작했을 때의 한국어 제목은 '우편배달원은 벨을 두 번 울린다'였습니다. 그런데 우편배달원(집배원)들의 격렬한 반대로 영화의 제목을 '포스트맨은 벨을 두 번 울린다'로 바꾸었던 적이 있습니다. 영화 속에 등장하는 우편배달원 한 개인을 우편배달원이라는 직업군 전체와 동일시한 것이죠. 이런 사건들은 이따금씩 반복적으로 발생을 합니다. 최근에도 중국동포들이 영화 상영을 반대하는 시위가 있었습니다. 중국동포사회를 범죄의 소굴로 묘사한다며 중국동포들이 영화 '청년경찰'의 상영을 반대하며 시위를 벌인 적이 있습니다.

영어의 정관사 'the'에 주목해서 영화의 제목을 다시 살펴볼까요? 영화의 제목에 'the postman'으로 나타나있습니다. 영어는 특정 집배원을 지시하기 위해 정관사 'the'를 사용하여 'the postman'으로 표현하였습니다. 한국어에서는 정관사의 사용이 일반적이지 않기 때문에 그냥 '우편배달원'으로 표현하였습니다. 한국어에서 영어와는 달리 일반적으로 특정 집배원과 집배원 전체를 지칭하는데 구분된 표현을 사용하지 않습니다. 언어에도 개인과 개인이 속한 집단을 동일시하는 우리의 생각이 담겨있는 것입니다.

개인을 개인이 속한 공동체와 동일시하듯이 우리는 과거를 현재와 동일시하는 경향이 있습니다. 농경문화에서 비롯된 동양문화에서는 이동이 거의 없기 때문에 고향은 영원히 개인의 뿌리로 인식됩니다. 마찬가지로 농경문화는 시간의 흐름에도 변화가 거의 없는 (적은) 특징을 지니기 때문에 과거와 현재를 딱히 구분할 필요성이 없습니다. 동양문화에서는 과거는 곧 현재라는 생각을 갖습니다. 이런 측면에서 동양 사람들은 과거지향적인 면이 있다고 하겠습니다. 반면에 목축이나 무역에서 비롯된 서양문화는 이동이 잦기 때문에 고향이 동양에 비해 중요한 역할을 하지 않습니다. 마찬가지로 시간의 흐름에 따라 변화가 기대되는 서양문화에서는 현재와 과거는 다를 수 있다는 인식을 갖습니다. 현재를 중요시하고 과거보다는 미래를 더 생각한다는 점에서 서양 사람들은 미래지향적이라고 할 수 있습니다.

과거와 현재를 함께 전체로 보는 동양과 현재를 과거와 분리해서 보려는 서양의 차이가 이력서(curriculum vitae)를 적을 때도 나타납니다. 한국에서는 이력을 과거부터 현재로 적어나가서 과거의 이력이 맨 위쪽에 위치하는 반면, 미국에서는 현재부터 과거로 적어나가기 때문에 현재의(현재와 가까운) 이력이 맨 위쪽에 위치합니다. 동양문화에서는 개인의 과거를 통해 현재를 이해할 수 있도록 시간 순서대로 적는 반면, 서양문화에서는 과거보다는 현재의 능력을 주로 참고하기 때문에 현재의(현재와 가까운) 이력을 가장 먼저 적습니다. 한국인들이 이력서에 가족관계를 보여주는 경우가 종종 있습니다. 이러한 점 역시 영어 이력서와는 다른 점이라고 할 수 있습니다.

지금까지 동양과 서양에서 개인과 전체의 관계를 어떻게 보는지 살펴보았습니다. 이제 동양과 서양에서는 세상을 누구의 '관점' 또는 '입장'에서 바라보는지에 대해 살펴보겠습니다.

8.3. 입장

사람과 사람사이의 관계를 소중히 여기는 집단문화의 또 다른 특징은 다른 사람에 대한 '배려(consideration; concern; care)'입니다. 어린 시절의 기억입니다. 외할머니가 정말 모처럼만에 먼 길을 오셔서 우리 집을 방문한 적이 있습니다. 며칠 머무시다가 다시 먼

길을 떠나실 때, 외할머니와 엄마가 못내 아쉬워 두 손을 꼭 잡고 버스정류장까지 함께 걸어가며 못 다한 얘기를 나누는 모습을 보았습니다. 어린 시절이었지만 가슴을 뭉클하게 하는 애틋한 사랑과 정을 느낄 수 있었습니다. '배웅'이라고 하면, 늘 이런 모습이 떠오릅니다. 멀리서 온 손님이 아니더라도 가실 때면 대문 밖까지, 또는 마을 어귀까지 따라가 멀리멀리 가시는 모습을 지켜보던 생각이 납니다. 이런 모든 것이 손님에 대한 배려에서 비롯된 것이겠죠. 어린 시절이 좀 지나, 미국영화를 접할 기회가 있었습니다. 손님이 방문했다가 떠나는 장면인데 손님이 문밖으로 나가자마자 문을 닫아버리는 모습을 보고 적잖게 충격을 받았던 기억도 있습니다. 서양사회가 개인(자신)을 중심으로 생각하는 문화라면, 동양사회는 타인을 배려하는 문화라고 할 수 있습니다.

다른 사람을 배려하는 마음은 제안을 할 때도 나타납니다. 예를 들어, 추운 겨울 날씨에 방문한 손님에게 던지는 질문에서도 차이를 보여줍니다. 아래의 예를 보세요.

(5) a. What would you like to drink?
    b. 추울 텐데 따뜻한 차라도 한 잔 드릴까요?

어떻게 보면 영어가 상대방에게 더 많은 선택권을 준다고 볼 수도 있습니다. 하지만 동양문화에서는 상대방의 입장이 되어 그 사람이 좋아하는 것을 미리 알고 준비해두는 세심한 배려가 있다고 할 수 있습니다.

동양사회에서는 거절을 할 때도 청자의 마음이나 체면을 고려합니다. 어떤 제안에 대해 직설적으로 거절하면 제안자의 마음이나 체면을 손상할 수 있기 때문에 에둘러 거절의 뜻을 전하는 것이 일반적입니다. 거절을 할 때 상대방의 감정이 상하지 않게 "개인적으로는 그렇게 하고 싶으나…", "원칙적으로는 같은 생각입니다만…", "이해는 하겠습니다마는…"과 같은 표현을 내세웁니다(김익환 1987). 청혼을 거절할 때도 종종 궁합이 맞지 않는다는 이유를 내세워 거절을 합니다(박종호 1989). 이것 역시 상대방의 감정이 상하지 않도록 배려한 것이죠. 반면 서양사회에서는 이와 같이 에둘러 표현하는 것을 좋아하지 않습니다. 서양 사람들은 자신의 생각을 정확하고 명확하게 전달하는 것을 좋아합니다.

질문에 대한 답을 할 때도 동양과 서양의 방식이 서로 다릅니다. 질문에는 긍정의문문과 부정의문문이 있습니다. 긍정의문문인 경우는 대답하는 방식이 같습니다. 하지만 부정의문문인 경우는 영어와 한국어는 대답하는 방식에서 서로 차이를 보입니다. 아래 예문을 살펴봅시다.

(6) Q: Do you like apples?   (긍정의문문)
    A: No, I don't like them.

(7) Q: Don't you like apples?   (부정의문문)
    A: <u>No</u>, I don't like them.

(8) Q: 사과를 좋아하세요?　　　　　　　　(긍정의문문)

　　A: 아니오, 좋아하지 않습니다.

(9) Q: 사과를 좋아하지 않으세요?　　　　　(부정의문문)

　　A: <u>네</u>, 좋아하지 않습니다.

영어는 질문이 긍정이든 부정이든 상관없이 대답하는 사람이 사과를 싫어하면, "No"라고 대답합니다. 반면 사과를 싫어하더라도 한국어는 질문이 긍정이냐 부정이냐에 따라 "아니오" 또는 "네"로 대답합니다. 영어는 질문자의 입장과는 상관없이 대답하는 사람의 입장에서만 답을 하는 것인 반면, 한국어는 대답하는 사람이 상대방, 즉 질문자의 입장에서 대답을 하는 것이죠. 대답하는 방식에서도 동서양은 서로 다릅니다. 서양은 말하는 사람의 입장에서 대답을 하고, 동양은 듣는 사람의 입장에서 대답을 합니다.

　그런데 한 가지 의문이 생깁니다. 우리 문화는 집단문화에서 비롯되어 다른 사람을 이렇게 잘 배려하는 풍습을 지녔는데, 왜 일상생활 속에서 다른 사람들의 감정이나 입장은 배려하지 않는 모습을 자주 발견하게 되는 것일까요? 어떤 면에서는 개인주의 문화에 속한 사람들보다 훨씬 덜 친절하고 남을 배려하는 모습을 찾아보기가 힘듭니다. 미국사람들은 백화점이나 도서관 같은 공공장소에서 출입문을 열고 들어갈 때 반드시 자기 뒤에 따라오는 사람을 위해 문을 잡아줍니다. 우리나라에서는 공공장소에서 뒤따라오는 사람을 위해 문을 잡아주는 경우가 드뭅니다. 차를 운전하거나 주차할 때도 자기의 주장을 내세우면서 승강이를 벌이는 경우도 종종 있습니다.

다른 사람들을 잘 배려하는 집단문화의 풍습을 가진 우리가 어떤 상황에서 다른 사람들을 배려하지 못하는 것일까요? 문제의 본질은 '내집단'과 '외집단'을 구분하는 우리의 습성 때문인 것 같습니다. 내집단의 사람들에게는 무한한 신뢰와 친절을 베푸는데 반해, 외집단의 사람들에게는 신뢰와 친절보다는 오히려 무관심과 심지어 적대감을 드러내는 경향이 있는 것 같습니다.

8.4. 정의란 무엇인가?

Michael Sandel 교수의 '정의란 무엇인가'가 세계적으로 큰 반향을 불러일으켰습니다. 동양에서는 '정의'를 어떻게 바라볼까요?

<그림 2> '정의란 무엇인가'의 표지

구성원들 간의 화목을 가장 중요한 덕목으로 생각하는 문화에서는 다른 사람들과의 갈등을 피하는 일이 중요하겠죠. 다른 사람들과의 갈등을 피하기 위해서는 자연스럽게 다른 사람들의 심리적 상태나 처해 있는 상황에 대해 주의를 기울여야합니다. 즉, 다른 사람들의 '눈치(reading face and mind)'를 살피는 것이 갈등을 회피하는데 도움이 되겠죠. 이렇게 동양문화에서는 '눈치'가 발달하게 됩니다. 동양사회에서는 '눈치'가 빠른 사람들이 유능한

사람으로 인정받아 사회생활에서 성공하는 경우가 많습니다. 동양 문화에서 '눈치'는 긍정적인 측면과 부정적인 측면 모두를 지니고 있습니다. 긍정적인 측면은 예를 들어, 부자들이 체면 때문에 더 많은 기부를 한다든지 사회적 지위가 높은 사람이 사회에 더 많은 기여와 헌신을 한다든지 하는 예들입니다. 노블레스 오블리쥬(Noblesse Oblige)와 같은 것 말입니다. 부정적인 측면은 다른 사람들의 눈치를 봐야하기 때문에 실용적이지 못할 때가 있다는 것입니다.

서양문화, 특히 미국문화는 '체면'이나 '명분'보다는 실용성이 매우 중요합니다. 앞서 미국문화의 특징으로 개척정신을 언급한 적이 있습니다. 개척지에서 삶은 실생활에 도움이 되지 않는 탁상공론은 중요하지 않았습니다. 이런 개척지라는 삶의 환경이 미국인들을 더욱 실용적으로 만들었습니다(Billington 1973). 미국인들은 권위적인 것을 싫어하여 실무자가 일을 처리하며, 대화의 방식도 짧게 인사한 후 곧바로 본론으로 들어가는 등 매우 실용적입니다(김형인 2008).

'책임(responsibility)'이 수반되는 사건에서도 동서양의 문화의 차이가 드러납니다. '화합'이 무엇보다는 중요한 동양사회에서는 잘못을 저지른 당사자 한 사람에게만 책임을 다 묻기보다는 상대방에게도 함께 책임을 나누는 것을 좋아합니다. 앞으로 살아가다보면 나도 (잘못을 저지른) 당사자의 입장에 놓일 수 있기 때문에 이번에는 내가 양보하고 화합하는 것이 좋겠다는 생각 때문이겠지요. 하지만 서양에서는 개인이 의사결정과 행동에서 독립적인만큼 책임도 개인이 져야합니다. 그리고 서양사회는 '화합'보다는 '정의(justice)'가 보다 더 큰 덕목이기 때문에 정확하게 잘잘못을 가리는 것을 좋아합니다. 동양사회는 화합을 위해 책임소재를 정확히 밝히기 보다는 두루뭉술하게 넘어가는 것을 선호하는 반면, 서양사회는 정의의 실현을 위해 책임 소재를 정확하게 밝히려고 합니다.

동양사회에서는 잘잘못을 지나치게 따지는 것을 좋아하지 않습니다. '시비(是非)'란 말이 있습니다. 우리 사회에서는 매우 부정적인 말로 들립니다. '시비를 걸다'는 말은 마치 분쟁을 일으킨다는 의미로 사용되는 것 같습니다. 하지만 원래 '시비'란 '옳고 그름'을 뜻하는 것으로 '시비를 걸다'라는 말은 '옳고 그름'을 따져보자는 것입니다. 다른 말로 하자면, '정의'가 무엇인지를 밝혀보자는 의미와 유사합니다. 그런데 우리 사회에서는 '시비'를 가리는 일을 그렇게 좋은 일로 받아들이지 않는 것 같습니다. 두루뭉술하게 넘어가는 사람이 원만한 사람으로 존경받는 것이 일반적입니다.

서양문화는 목축과 무역을 중심으로 한 문화에서 발전하였습니다. 이런 이동이 잦은 사회에서 낯선 사람들과의 분쟁에서 이기려면 논리적으로 자기의 주장을 내세워야하겠죠. 이런 이유로 서양사회는 '삼단논법'과 같은 논리학이 매우 발달하게 됩니다. 서양사회에서는 '진리'와 '정의'를 위해 논리적으로 자기의 주장을 펴는 일에 매우 익숙합니다. 반면 '양보'와 '화합'을 미덕으로 삼는 동양사회에서는 논리학이 크게 설 자리가 없습니다. '논리'보다는 '감정'이나 '정서'에 호소하는 경우가 많습니다.

'개자추(介子推) 콤플렉스(complex)'를 아시나요? 개자추는 중국의 춘추시대 진나라의 22대 군주가 된 진 문공의 충성스러운 신하였습니다. 문공이 군주가 되기 전에 정변이 있어서 19년간의 긴 망명생활을 하게 됩니다. 떠돌이 생활을 할 때의 일입니다. 문공이 배가 너무 고프다고, 고기를 먹고 싶다고 하자, 충신 개자추는 두말없이 고깃국을 준비해옵니다. 차려준 음식을 잘 먹은 문공은 정신을 차리고 개자추에게 고기를 어디서 구했는지 물었습니다. 떠돌이 생활에 고기를 구하는 일이 불가능하다는 것을 뒤늦게 깨달았겠죠. 아무런 대답이 없던 개자추의 허벅지에서 피가 나고 있었습니다. 문공은 개자추가 자기 허벅지의 살을 도려 음식을 준비했다는 사실을 깨닫고 크게 감명을 받습니다. 군주가 되면 은혜를 꼭 갚겠다는 다짐과 함께.... 세월이 흘러 문공이 군주가 됩니다. 그런데 그만 정사가 바빠서 개자추를 잠시 잊어버리고 말았습니다. 실망한 개자추는 멀리 산속으로 숨어버립니다. 뒤늦게 개자추의 존재를 깨닫고서 문공은 신하들에게 개자추를 찾을 것을 명령합니다. 하지만 개자추는 소식을 듣고 더 깊은 산속으로 숨어버립니다. 문공은 어떤 일이 있어도 반드시 개자추를 데려오라고 명령을 합니다. 그러자 한 신하가 산에 길을 내고서 불을 지르면 개자추가 불길을 피해 산을 내려올 것이라는 방안을 제시합니다. 산속에 길을 내고 불을 지르지만 안타깝게도 개자추는 불에 타서 죽어버립니다. 문공은 너무나도 원통해서 개자추의 충심을 기리기 위해 그가 죽은 날에는 절대로 불을 지피지 못하게 하였습니다. 찬밥을 먹는 날로 알려진 한식(寒食; 韓食(Korean food)이 아님)의 유래이기도 합니다. 불을 지피지 못하니 만들어 둔 찬밥을 먹어야겠죠. 그런데 여기서 우리가 눈여겨 볼 대목은 개자추의 행동입니다. 논리적으로 설득하기보다는 죽음이라는 극단적인 선택을 하면서 억울한 심정을 감정적으로 호소한 것이지요. 논리적으로 설득하기보다는 피해자가 됨으로써 사람들의 마음을 얻으려는 그런 심리상태를 '개자추 콤플렉스'라고 합니다.

논리적인 사고를 하는 서양과 감정적으로 생각하는 동양의 차이가 광고에서도 나타납니다. 아래 그림은 둘 다 현대 소나타 자동차의 광고입니다.

<그림 3> 한국인을 대상으로 한 자동차 광고

<그림 4> 영어권 소비자를 위한 자동차 광고

첫 번째 광고는 한국인을 위한 것입니다. 논리적으로 상품을 사도록 설득하는 말은 전혀 없습니다. 자동차의 뒷모습과 어렴풋하게 보이는 배경 가운데 "마음의 거리를 좁히다"란 매우 감성적인 표어만 있습니다. 마음의 거리는 이웃들끼리의 거리일 수도, 고객과 자동차의 거리일 수도, 고객과 자동차 생산자 또는 판매자와의 거리일 수도 있겠죠.... 두 번째 광고는 영어권 고객을 위한 광고입니다. 소비자를 설득하기 위해서 스타일과 성능이 완벽한 조화를 이룬다는 말(words)이 있습니다. (말이 중요합니다. 말과 관련된 논의는 아래에서도 계속 이어집니다.) "The styling will catch your eye. The performance will catch your breath."라는 표어로 고객을 설득하려고 합니다.

　"말 한마디로 천 냥 빚도 갚는다."란 속담이 있습니다. 물론 말이 그만큼 중요하다는 의미겠지요. 하지만 그 이면에는 감정에 충실한 동양문화에 속한 우리의 마음을 읽을 수 있습니다. 누군가가 나를 화나게 만들 때, 우리는 종종 "'죄송합니다.'란 단 한마디면 될 텐데...."라고 합니다. 사건을 일으킨 이유와 논리적인 설득보다는 우리 감정의 위로가 필요하다는 의미겠지요.

　어떤 문화든 장점과 단점을 동시에 지닙니다. 집단문화의 장점은 집단 전체가 '한번 해보자!'라는 화합된 마음을 가진다면 어떤 난관도 헤쳐 나갈 수 있습니다. IMF의 지원을 받는 경제적 위기를 맞았을 때, 우리는 대동단결된 집단문화의 힘으로 잘 극복할 수 있었습니다. 이런 장점의 이면에는 단점도 있습니다. "좋은 게 좋은 거지."란 말이 있습니다. 너에게 좋은 일이 나에게도 좋고, 반대로 나에게 좋은 일이 너에게도 좋다는 말이겠죠. 집단문화의 입장에서는 화목을 강조하는 말로 들릴 수 있습니다. 하지만 내집단 내에서만 이루어지는 소위 '끼리끼리'의 화목이라면, 자칫 보편적인 정의(justice)와는 멀어져 부정부패로 이어질 수도 있습니다. 보편적인 행동원리를 중요시하는 개인문화에 속한 사람들의 시각으로는 정의롭지 못한 일이 될 수도 있습니다.

9번째 이야기

틀

9.1. 창

9.2. 마음속의 틀

    9.2.1. 현재

    9.2.2. 나

9.3. 언어와 틀

    9.3.1. 작은 창 vs. 큰 창

    9.3.2. 맑은 창 vs. 흐릿한 창

    9.3.3. 특정 창으로만 보이는 언어

    9.3.4. 틀로서의 언어

9.4. 경제생활과 틀

9.1. 창

남으로 창을 내겠소
밭이 한참갈이
괭이로 파고
호미론 풀을 매지요

구름이 꼬인다 갈 리 있소
새 노래는 공으로 들으랴오
강냉이가 익걸랑
함께 와 자셔도 좋소

왜 사냐건
웃지요

　김상용님의 시 '남으로 창을 내겠소'입니다. 우리는 창을 따사로운 햇빛도 받고 또 창을 통해 세상을 내다볼 수 있습니다. 그런데 창은 크기, 모양, 위치가 다를 수 있습니다. 우리가 어떤 창을 통해 세상을 바라보느냐에 따라 다른 세상의 모습을 볼 수 있습니다.

<그림 1> 창을 통해 본 세상

물론 창의 크기, 모양, 위치는 창의 틀(frame)에 따라 결정이 됩니다. 이번 이야기에서는 창 또는 (창)틀에 대해 살펴보고자 합니다. 다루게 될 분야도 심리, 언어, 정치, 경제 등으로 다양합니다. 우리 나라에서 '틀'이란 용어 대신에 '프레임'이라는 영어를 그대로 사용하기도 합니다. 여기서는 '틀'과 함께 '창'을 유사한 의미로 사용하겠습니다.

9.2. 마음속의 틀

심리학자인 최인철(2007)에 따르면, 사람들의 마음속에도 마음의 창—그의 용어로는 프레임—이 있습니다. 그 창은 바로 '현재(present)'와 '나(I)'라는 창입니다. 아래에서는 우리가 어떻게 '현재'와 '나'라는 틀을 통해 세상을 바라보는지 알아보겠습니다.

9.2.1. 현재

야구 중계방송을 시청하다보면 해설가는 정말로 상황에 맞게 정확한 지적을 하는 것처럼 보입니다. 이런 해설가가 감독을 하면 모든 게임을 승리로 이끌 것 같습니다. 실제 해설가로 명성이 있는 어떤 해설가가 감독을 맡은 적이 있었습니다. 하지만 감독으로서의 성적은 초라했습니다. 상황에 맞는 정확한 지적을 하던 분이 왜 감독이 되어서는 잘 하지 못했을까요? 해설가와 감독의 입장이 다르기 때문입니다. 해설가는 일반적으로 결과를 본 후에 해설을 덧붙입니다. 어떤 선수가 초구에 잘못 방망이를 휘두르는 바람에 아웃이 되어 기회를 무산시킨 결과를 보고 해설가는 다음과 같이 말합니다. 감독이 작전을 구사할 수 있도록 차분히 기다려야 하는데 너무 성급하게 서둘렀다고 선수를 질책합니다. 이번에는 선수가 서두르지 않고 인내심을 가지고 기다리다 불리한 상황에 몰려 아웃되고 맙니다. 이런 결과를 본 해설가는 선수가 너무 적극성이 없어서 안되겠다고 합니다. 초구부터라도 좋은 공은 칠 수 있는 배짱이 있어야 된다고 합니다. 결과를 본 현재의 상태에서만 할 수 있는 말들입니다. 하지만 정작 선수나 감독의 입장에서는 결과를 보기 전에 선택해야하는 문제입니다. 해설을 잘 한다고 감독도 잘 한다고 할 수 없는 이유입니다.

오래 전에 우리가 원시인이라 부르는 사람들이 살았습니다. 그 사람들은 자신들을 원시인이라고 생각했을까요? 현재라는 틀에서 보면, 그 사람들은 발달된 문명을 누리지 못하고 불편한 생활환경 속에서 산 원시인이 맞습니다. 컴퓨터, 스마트폰, 에어컨, 자동차, 비행기 그리고 심지어 전기도 없이 살았다니 끔찍한 환경이었을 것입니다. 그렇다면, 오랜 세월이 흐른 뒤에 우리의 후손들은 우리를 어떻게 평가할까요? 최첨단 시대를 산 사람들이라 평가할까요? 후손들은 그들이 사는 현재의 틀에서 마치 우리가 구석기 시대의 사람들을 평가하듯이 우리를 평가할 것입니다. 원시인이라 불리는 사람들도 그 당시에는 최첨단의 도구를 이용한 가장 발달된 문명을 누린 사람들입니다. 우리는 현재라는 틀을 통해서 과거를 바라봅니다.

"나는 진작 네가 그렇게 될 줄 알았어." 친구가 잘못된 선택으로 좋지 않은 결과가 생겼을 때 하는 말입니다. 정말 친구가 그렇게 될 것을 예측했더라면 왜 사전에 친구에게 얘기를 해주지 않았을까요? 현재라는 틀에서 과거를 바라보니 할 수 있는 말입니다. 사람은 누구나 현재라는 틀을 통해 과거를 바라보는 것이 일반적입니다.

♣ Yesterday is history, tomorrow is a mystery, today is a gift of God, which is why we call it the present.

9.2.2. 나

우리들 마음속에는 또 다른 틀이 있습니다. 바로 '나'라는 틀입니다. 사람들은 '나'라는 틀을 통해 세상을 바라봅니다. 우리 모두는 자신이 세상의 중심에 있고, 자신이 하는 생각과 행동이 가장 일반적인 것으로 믿습니다. 예를 들어, 빨리 차를 모는 운전습관을 가진 사람은 자기가 가장 모범적인 운전자라고 생각하고 차를 천천히 모는 사람을 못마땅하게 생각합니다. 교통은 흐름인데 천천히

가면 교통체증을 유발한다고 생각합니다. 차를 천천히 모는 운전습관을 가진 사람도 자기가 가장 모범적인 운전자라고 생각합니다. 그리고 차를 빨리 모는 사람들이 교통사고를 유발한다고 못마땅하게 생각합니다. 운전자 모두가 자신이 모범적인 운전자라고 생각하는 것입니다. 이처럼 사람들은 자신의 생각과 행동이 가장 일반적이라는 생각을 갖습니다.

여러분들이 정장을 한 벌 사려고 합니다. 얼마짜리가 적당하다고 생각하십니까? 친구들이나 지인 모두가 여러분의 생각에 동의할까요? 다른 사람들은 여러분이 예상한 것보다 더 비싸거나 더 싼 가격을 적정한 것으로 판단할 수 있습니다. 서로 다른 가격대를 생각할 수 있지만, 하나 공통된 점은 모두 자기의 생각이 가장 이상적이라고 생각을 합니다. 왜냐하면 사람들은 모두 '나'라는 틀을 세상을 바라보기 때문입니다. 여러분이 이상하게 생각하는 친구의 생각과 행동들을 그 친구들도 이상하다고 생각을 할까요? 아닙니다. 그 친구는 여러분의 생각과 행동이 이상하다고 생각할 것입니다. 왜냐하면 우리는 모두 '나'라는 틀을 통해 세상을 바라보기 때문입니다. 이런 사실을 깨달으면, 우리는 이웃들을 이해하는 마음으로 바라볼 수 있게 될 것입니다.

지금까지 '현재'와 '나'라는 마음속의 틀에 대해 살펴보았습니다. '현재'와 '나'라는 마음속의 틀은 모든 사람들에게 나타나는 보편적인 현상이라고 볼 수 있습니다. 아래에서는 언어와 틀이란 주제로 살펴보겠습니다.

9.3. 언어와 틀

여기서는 틀로서 설명할 수 있는 언어현상을 네 가지 주제로 나누어 살펴보겠습니다. 네 가지 주제는 창의 크기, 창의 투명도, 특정 창을 통해서만 볼 수 있는 것, 틀로서의 언어란 주제입니다.

9.3.1. 작은 창 vs. 큰 창

세상을 큰 창을 통해 볼 수도 있고, 작은 창을 통해 볼 수도 있습니다. 여기서는 큰 창을 통해 보는 한국어와 작은 창을 통해 바라보는 영어의 현상을 비교할 것입니다. 대상에 이름을 붙일 때 한국어와 영어의 이런 차이가 나타납니다. 한국어는 영어에 비해 큰 창을 통해 부분보다는 전체를, 그리고 개체 하나보다는 개체와 관련된 것들을 함께 바라봅니다.

먼저, 영어는 작은 창을 통해 부분을 보는데 반해, 한국어는 큰 창을 통해 전체를 바라보는 현상에 대해 살펴보겠습니다. 식물의 열매와 관련된 표현을 살펴보고자 합니다. 아래의 그림을 한국어와 영어로 각각 무엇이라고 부르나요?

<그림 2> 호박, 수박, 참외 vs. pumpkin, watermelon, Asian melon

위 그림의 열매를 한국어로는 각각 '호박, 수박, 참외'라고 부르고, 영어로는 'pumpkin, watermelon, Asian melon'이라고 부릅니다. 위 그림에서 가운데 있는 열매의 이름이 흥미롭습니다.

(1) <u>한국어 영어</u>
    a. 호박 pumpkin
    b. 수박 water<u>melon</u>
    c. 참외 Asian <u>melon</u>

한국어에서는 '수박'으로 왼쪽의 열매 '호박'과 같은 '박'으로 분류됩니다. 반면에 영어에서는 'watermelon'으로 오른쪽의 열매 'Asian melon'과 같은 'melon'으로 분류됩니다. 같은 열매라도 어떤 창을 통해 보느냐에 따라 다르게 분류될 수 있음을 보여줍니다. 영어권 화자들은 작은 창을 통해 열매의 내용물을 봅니다. 수박과 참외는 호박과는 달리 그 속에 달고 맛있는 과즙이 있어서 과일로 먹을 수 있습니다. 이렇게 작은 창을 통해 내용물만 보면 수박과 참외를 하나의 범주—즉, melon—로 보는 것이 맞습니다. 하지만 한국어 화자들은 큰 창을 통해 열매를 봅니다. 내용보다는 열매 전체의 크기나 껍질의 단단함 정도를 봅니다. 호박과 수박은 참외에 비해 크기도 크고, 껍질도 단단합니다. 이렇게 큰 창을 통해보면, 호박과 수박을 하나의 범주—즉, 박—로 분류하는 것이 맞습니다.

❀ 과학적 지식(scientific knowledge) vs. 민간지식(folk knowledge)

과학적 지식과 민간지식이 일치되지 않는 경우가 간혹 있습니다. '수박, 참외'는 과일로, '호박'은 채소로 분류하는 것이 민간지식입니다. 민간지식이란 일반 사람들이 알고 있는 지식을 말합니다. 예를 들어 할머니에게 수박과 참외를 드리면서 "과일 드세요."라고 하면 할머니가 좋아하시겠지만, 호박을 드리면서 "과일 드세요."라고 한다면 할머니가 역정을 내시겠지요. 이 할머니의 머릿속에 있는 지식이 민간지식입니다. 반면 과학적 지식으로 말하자면, '호박'뿐만 아니라 '수박, 참외'도 채소로 분류합니다. 과학적 분류에 의하면, 사과나 감처럼 다년생 나무에서 나는 열매는 '과일', 그리고 일년생 식물에서 나는 열매는 '채소'라고 부릅니다. 언어는 일반 사람들의 생각과 행동을 담는 그릇이니까 언어학자들은 언어를 분석할 때는 '민간지식'을 더 중요하게 생각합니다.

⊗⊗⊗⊗⊗⊗⊗⊗

큰 대상과 작은 대상을 함께 묘사할 때에도 영어와 한국어는 차이를 보입니다. 영어는 작은 대상부터, 한국어는 큰 대상부터 언급하는 경향이 있습니다. 아래의 예에서 '꽃'과 '정원'의 상대적인 순서를 보세요.

(2) a. There are <u>flowers</u> in the <u>garden</u>.
    b. <u>정원</u>에 <u>꽃</u>이 있습니다.

위의 예는 영어는 작은 창을 통해 바라본 작은 대상을 먼저 언급하는 반면, 한국어는 큰 창을 통해 전체부터 언급하는 것을 보여주는 것이라 할 수 있습니다. 이와 같은 현상은 아래의 예에서 볼 수 있듯이 성명, 주소, 시간 표현에서도 나타납니다.

(3) a. Charles (이름) Kim (성)

   b. 김(성) 철수(이름)

(4) a. 1910 Athens, Los Angeles, California

   b. 부산광역시 남구 용소로 45

(5) a. 1st August, 2018

   b. 2018년 8월 1일

이제 영어는 작은 창을 통해 개체 하나만 바라보는데 반해, 한국어는 큰 창을 통해 개체 하나만 바라보는 것이 아니라 관련된 것을 함께 바라보는 현상에 대해 알아보겠습니다. 우선 신체부위의 이름을 살펴봅시다. 한국어의 '머리'와 '목' 그리고 영어의 'head'와 'neck'과 관련된 단어는 다음과 같습니다.

(6) <u>영어</u>   <u>한국어</u>
   a. head – neck   머리 – 목
   b. hand – wrist   손 – 손목
   c. foot – ankle   발 – 발목

'손'과 '발'은 영어로 각각 'hand'와 'foot'이라고 합니다. 그리고 '손목'과 '발목'은 영어로 각각 'wrist'와 'ankle'이라고 합니다. 우리말의 '손목'과 '발목'을 영어로 직역하면 각각 'hand neck'과 'foot neck'이 됩니다. 우리말은 '머리'와 '목'의 관계를 '손'과 '손목', 그리고 '발'과 '발목'의 관계와 같은 방식으로 바라보는 것입니다. 반면 영어는 머리와 목의 관계와 손과 손목 그리고 발과 발목의 관계를 다른 방식으로 바라보는 것입니다. 정리하자면, 영어는 작은 창을 통해 특정 신체부위만 바라봄으로써 각기 다른 이름인 'neck, wrist, ankle'로 부릅니다. 반면 한국어는 큰 창을 통해 신체부위와 관련된 다른 신체부위도 함께 바라봄으로써 서로의 관련성 속에서 '목, 손목, 발목'이란 이름을 붙인 것입니다.

한국어의 '가락/카락'이 들어간 복합어도 큰 창을 통해 관련된 것을 함께 바라본 시각에서 나온 이름입니다.

(7)　　영어　　　　　　　한국어
　　　a. hand – finger　　손 – 손가락
　　　b. foot – toe　　　　발 – 발가락
　　　c. head – hair　　　 머리 – 머리카락

영어는 작은 창을 통해 특정 신체부위만 바라본 반면, 한국어는 큰 창을 통해 특정 신체부위와 그 이웃한 신체부위를 함께 보고 관련성 속에서 '손-손가락', '발-발가락' 그리고 '머리-머리카락'이라고 이름을 붙인 것입니다.

단체나 사회조직의 우두머리를 일컫는 단어에서도 영어와 한국어의 이런 차이점이 발견됩니다.

(8)   <u>영역</u>   <u>영어</u>   <u>한국어</u>

a. 회<u>사</u>   president   <u>사</u>장

b. <u>시</u>(city)   mayor   <u>시</u>장

c. 학<u>교</u>   principal   <u>교</u>장

d. 연구<u>소</u>   director   <u>소</u>장

e. 대<u>학</u>   dean   <u>학</u>장

f. <u>반</u>(class)   president   <u>반</u>장

영어는 작은 창을 통해 바라보기 때문에 단체와 단체장과의 관계는 드러나지 않습니다. 하지만 한국어는 큰 창을 통해 바라보기 때문에 단체장은 단체와 관련성 속에서 이름을 붙인 것입니다. 즉, 조직 이름의 마지막 글자에 '어른'을 뜻하는 '장(長)'자를 붙여 복합어 (compound word)를 만듭니다.

가구에서도 유사한 현상이 발견됩니다. 아래 그림의 가구를 한국어와 영어로 각각 무엇이라고 하나요?

<그림 3> 책상, 식탁 vs. desk, table

영어는 작은 창을 통해 개체 자체만 바라보고 서랍이 있는 것은 'desk'로, 서랍이 없는 것은 'table'이란 이름을 붙입니다. 하지만 한국어는 큰 창을 통해 이 가구들을 어떤 용도로 사용하는지를 봅니다. 그 용도에 따라 '책상'과 '식탁'이란 이름을 붙인 것입니다. 한 가지 보태자면, 아래 그림의 가구를 '밥'을 놓는 '상'이라고 '밥상'이라고 부릅니다.

<그림 4> 밥상

바닥에 앉아서 식사를 하는 전통적인 상은 순수한 한국어 '밥'과 한자어 '상'을 결합하여 '밥상'이라고 하는 반면, 의자에 앉아서 식사를 하는 서구식 상은 모두 한자어로 이루어진 '식탁'이라는 표현을 사용하여 구분한다는 것도 흥미롭습니다.

　마지막으로 '전화'에서도 영어와 한국어에서 유사한 차이점이 나타난다는 것을 살펴보겠습니다.

<그림 5> 전화 vs. telephone

위 그림의 전자제품을 영어로는 'telephone'이라 하고, 한국어로는 '전화'라고 합니다. 영어는 작은 창을 통해 개체만 바라보고 그 개체의 특성에 따라 이름을 붙였습니다. 즉, '멀리'라는 의미의 'tele' 와 '소리'의 의미를 지닌 'phone'을 합하여 'telephone'이란 복합어를 만들었습니다. 하지만 한국어는 큰 창을 통해 바라보기에 이 기계가 어떤 힘에 의해 작동하는지를 이름 속에 넣습니다. 즉, 기계를 작동시키는 힘인 '전기'를 의미하는 '전(電)'과 '말'을 의미하는 '화(話)'를 결합하여 이름을 지었습니다.

지금까지 영어는 작은 창을 통해 세상을 바라보고, 한국어는 큰 창을 통해 세상을 바라보는 언어현상에 대해 알아보았습니다. 아래에서는 맑은 창과 흐릿한 창을 통해 세상을 바라보는 언어현상에 대해 살펴보겠습니다.

9.3.2. 맑은 창 vs. 흐릿한 창

우리는 앞서 잘잘못을 따지는데 있어서도 동양과 서양의 차이가 있다는 것을 살펴보았습니다. 서양은 잘잘못을 정확하게 따지는 문화이지만 동양은 잘잘못을 정확하게 따지지 않고 두루뭉술하게 넘어가는 것을 미덕으로 여기는 문화입니다. 이런 현상을 창의 관점에서 표현해보면, 영어는 맑은 창으로 세상을 바라본데 반해, 한국어는 흐릿한 창을 통해 세상을 바라보는 것이라 말할 수 있겠습니다. 과업에 대한 평가에서도 이러한 현상이 나타납니다. 한국과 미국에서 모두 과업에 대한 평가는 일반적으로 5단계로 이루어집니다. 한국에서는 '수, 우, 미, 양, 가'의 체계를 사용하는데 반해, 미국에서는 'A, B, C, D, F'의 체계를 사용합니다. (한국에서도 대학에서는 미국의 체계를 따라 사용합니다.)

(9)   <u>미국</u>   <u>한국</u>
  a. A Excellent   수 빼어남(秀)
  b. B Good   우 뛰어남(優)
  c. C Average   미 아름다움(美)
  d. D Poor   양 어짊/좋음(良)
  e. F Fail   가 옳음/가능성(可)

겉으로만 보면 영어나 한국어 모두 다섯 등급으로 구분되어 차이가 없어 보입니다. 하지만 각 표현이 의미하는 바를 보면 차이가 납니다. 영어는 투명한 창을 통해 세상을 바라보기에 있는 그대로 객관적으로 평가합니다. 즉, '뛰어나고, 좋고, 평균이고, 못하고, 실패'라고 평가합니다. 하지만 한국어는 흐릿한 창을 통해 세상을 바라보기 때문에 등급 간의 차이가 매우 흐릿하게 보입니다. '빼어나고, 뛰어나고, 아름답고, 좋고, 가능성이 있다' 등 모두 유사하게 긍정적인 측면에서만 평가를 합니다.

지금까지 다른 창을 통해 본 영어와 한국어 표현에 대해 살펴보았습니다. 아래에서는 특정 창으로만 보이는 언어현상에 대해 알아보겠습니다.

9.3.3. 특정 창으로만 보이는 언어

여기서는 '크기'에 대한 표현을 살펴보겠습니다. 일반적으로 'large'는 큰 것을, 'medium'은 중간 크기를, 'small'은 작은 것을 의미합니다. 그런데 우리나라에서 보통 체구의 사람들이 어떤 사이즈의 옷을 입을까요? 보통 체구의 사람들이 주로 'large' 사이즈의 옷을 입습니다. 보통 체구의 사람이 중간 크기인 'medium' 사이즈의 옷을 입어서 맞아야 하는데, 실제로는 그렇지 않습니다. 이런 현상은 시간이 흐를수록 사람들의 체구가 커졌기 때문에 생긴 현상입니다. 어쨌든 옷의 크기에 관한한 'large' 사이즈는 중간 크기밖에 되지 않습니다. 단어가 갖는 원래 의미와 실제 사용에서 괴리가 생긴 것입니다. 그래서 옷에 대해 이야기 할 때의 사이즈를 다른 분야에서 사용하는 사이즈로 이해해서는 안 됩니다. 옷 사이즈의 예가 바로 특정 창을 통해 바라보아야만 보이는 예라고 할 수 있습니다.

세제(detergent)의 크기도 유사한 예입니다. 'large' 사이즈는 원래 '큰' 사이즈여야 하지만, 세제를 이야기할 때는 '작은' 사이즈가 됩니다. 세탁물이 늘어나면서 소비자들이 점점 더 큰 사이즈를 찾다보니 새로운 크기의 포장이 만들어졌습니다. 'economy' 사이즈, 'family' 사이즈, 'jumbo' 사이즈 등. 새롭게 더 큰 사이즈가 만들어지다 보니 'large' 사이즈가 가장 작은 사이즈가 되어버린 것입니다. 세제 포장에 적혀있는 'large'의 의미를 이해하기 위해서는 세제라는 틀에서 바라보아야 합니다.

여기서는 특정 틀에서 바라보아야만 이해가 되는 언어현상에 대해 정리해보았습니다. 아래에서는 언어가 하나의 틀로서 기능을 하는 현상에 대해 생각해 보겠습니다.

9.3.4. 틀로서의 언어

정치에서도 '틀'의 개념이 중요하게 사용됩니다. 정치에서는 '프레임'이라는 용어를 즐겨 사용합니다. 요즘 뉴스에서도 '프레임 전쟁'이라는 말이 자주 등장합니다. '프레임 전쟁'이란 용어는 원래 언어학자인 Lakoff(2006)가 지어낸 용어입니다. 미국 정치에서 사용된 프레임 전쟁의 예를 들어 보겠습니다. 세금을 많이 거둘 것이냐 아니면 적게 거둘 것이냐는 선거 때마다 가장 중요한 이슈 중의 하나입니다. 2000년 미국 대통령 선거 당시 Bush 후보자는 '세금 구제(tax relief)'라는 용어를 들고 나왔습니다. 세금을 덜 내는 것을 '구제'라고 규정함으로써 세금을 올리는 것은 자연스럽게 '억압'이란 생각이 들도록 만든 것입니다. 즉, '세금 구제'란 표현이 하나의 프레임이 되어 그런 시각으로 세금 문제를 바라보게 만든 것입니다. 이런 프레임이 먹혀들자 증세를 주장하는 어떤 논리도 유권자의 마음을 움직일 수 없었습니다. 결국 Bush 후보자가 프레임 전쟁에서 승리하면서 대통령에 당선되었습니다. 정치적인 논리 싸움에서 이기려면 프레임에 대한 이해가 필요합니다.

일상생활에서도 언어가 틀로서 기능을 하는 예를 들어보겠습니다. 요즘은 매주 토요일마다 쉽니다만, 예전엔 격주로 토요일을 쉰 적이 있습니다. 쉬는 토요일을 '놀토'라는 이름을 붙였습니다. '놀토'는 '노는 토요일'의 줄임말입니다. 사람들이 '놀토'라는 표현을 사용함으로써 그 틀에 갇혀버렸습니다. 왠지 그날 놀지 못하면 하루를 잘못 보내거나 시간을 허비한 것 같은 생각이 들도록 만들어버리는 것입니다. 그 당시에 많은 사람들이 '놀토'라는 프레임에 갇혀 그날만 되면 캠핑을 가는 등 무엇인가를 적극적으로 하는 것을 당연시하였습니다. 만약 '쉴토'라고 명명했더라면 사람들의 선택은 달라지지 않았을까요? 어떤 용어를 사용하느냐는 것이 사람들의 선택이나 행동에 영향을 미치는 예들입니다.

9.4. 경제생활과 틀

경제적 선택에 있어서 틀이 얼마나 중요한 역할을 하는지는 Tversky(1981)가 흥미로운 연구결과를 보여줍니다. 다음과 같은 두 가지 상황을 가정해보세요.

<상황 1>

125달러짜리 재킷을 사려고 하는데 가게의 점원이 차로 20분 거리에 있는 다른 지점에서 120달러에 세일을 한다고 알려주었습니다.

<상황 2>

15달러짜리 계산기를 사려고 하는데 가게의 점원이 차로 20분 거리에 있는 다른 지점에서 10달러에 세일을 한다고 알려주었습니다.

여러분은 어떤 물건을 구입하기 위해 20분 거리에 있는 다른 지점으로 가겠습니까? 실험에서 응답자의 68%가 계산기를 구입하러 다른 지점으로 가겠다고 대답한 반면, 단지 29%만 재킷을 구입하러 가겠다고 대답하였습니다. 그런데 계산기든 재킷이든 다른 지점에 가서 구입함으로써 얻는 경제적인 이득은 똑같이 5달러입니다. 그럼에도 불구하고 선택에서 확연히 다른 행동을 보이는 이유는 무엇일까요? 바로 틀 때문입니다. 125달러짜리를 5달러 싸게 구입하면 4%밖에 절약할 수 없지만 15달러짜리를 5달러 싸게 구입하면 33%나 절약할 수 있기 때문입니다. 같은 금액이라도 큰 틀에서 보면 상대적으로 작아 보이고 반대로 작은 틀에서 보면 상대적으로 크게 보이기 때문입니다.

위에서 살펴본 경제적인 선택에서 차이를 보이는 현상을 쉽게 시각적으로 설명하기 위해 아래의 그림을 살펴봅시다. 아래 그림에서 터널 속을 달리는 두 인물 중에서 어떤 인물이 더 크다고 생각합니까?

<그림 6> 틀 효과를 보여주는 그림

대부분의 사람들은 뒤에 있는 인물이 더 크다고 판단합니다. 왜냐하면 앞에 있는 인물은 주변의 큰 벽돌로 인해 상대적으로 작아 보이는 반면, 뒤에 있는 인물은 주변의 작은 벽돌로 인해 상대적으로 크게 보입니다. 이 그림에서 생기는 착시현상도 결국 틀 때문에 생기는 현상으로 볼 수 있습니다.

다시 재킷과 계산기를 구입하는 선택과 관련된 실험으로 돌아가 봅시다. 사람들이 합리적이라고 가정하면, 똑같은 금액의 이득을 얻는 경우에는 두 가지 상황에서 유사한 반응을 보여야 합니다. 하지만 실제에 있어서는 다른 선택을 한 것입니다. 틀이 사람들의 경제적 행동에 영향을 미친 것입니다. 인간의 이성(reason)을 신봉하는 고전경제학 이론으로는 설명하기 어려운 예입니다. 인간은 경제적인 행동에서 비이성적일 수 있다는 가정에서 출발한 경제학이 '행동경제학(Behavioral Economics)'입니다. 행동경제학은 경제적 결정에 미치는 심리적, 인지적, 정서적, 문화적, 사회적 요인을 연구합니다. 행동경제학자인 Ariely(2008)는 우리에게 '상식 밖의 경제학'이란 제목으로 알려진 흥미로운 책을 출간하였는데, 'Predictably Irrational'이란 원서의 제목이 흥미롭습니다. 비합리적이지만 예측은 가능하다는 뜻입니다. 예측가능하게 비합리적인 인간의 행동의 예를 하나만 소개하겠습니다.

'The Economist'란 잡지의 정기구독에 관한 광고의 예입니다. 아래 광고를 보세요.

정기구독 신청

어서 오세요. <이코노미스트> 정기구독 센터입니다. 신규 또는 재구독 신청을 하실 분은 원하는 구독유형을 고르세요.

- 온라인 정기구독 ― 59달러. 온라인 1년 정기구독에 1997년 이후의 모든 기사 검색 가능.
- 오프라인 정기구독 ― 125달러. 인쇄물 형태의 <이코노미스트> 1년 정기구독.
- 오프라인 및 온라인 정기구독 ― 125달러. 인쇄물 형태의 <이코노미스트> 1년 정기구독과 온라인에서 1997년 이후의 모든 기사 검색 가능.

세 가지 선택을 살펴보면, 59달러짜리 온라인 정기구독과 125달러짜리 오프라인 정기구독 중에서 어떤 것이 더 이익이 될지를 판단하기는 힘이 듭니다. 하지만 125달러에 오프라인과 온라인 정기구독이 가능한 선택이 125달러에 오프라인만 가능한 선택보다는 훨씬 이익이 된다는 것은 쉽게 알 수 있습니다. 오프라인 및 온라인 정기구독 패키지를 선택하면 온라인 정기구독이 공짜가 된다는 것을 쉽게 계산할 수 있기 때문입니다. 여러분은 위 세 가지 선택 중에서 어떤 것을 선택하겠습니까?

실험결과에 의하면 온라인 정기구독이 16명, 오프라인 정기구독이 0명, 오프라인 및 온라인 정기구독이 84명이었습니다. 오프라인 및 온라인 패키지를 선택한 응답자가 전체 응답자의 84%를 차지하였습니다. 하지만 위의 정기구독 신청서에서 세 번째의 패키지 선택을 없애고 온라인 정기구독과 오프라인 정기구독 중에서 선택하게 하는 다른 실험을 수행하였습니다. 그 결과는 첫 번째 실험의 결과와 매우 달랐습니다. 59달러짜리 온라인 정기구독은 68명으로 늘어난 반면, 125달러짜리 오프라인 정기구독은 32명으로 줄었습니다. 사람들이 이성적이라면 두 실험에서 같은 선택을 했을 것입니다. 하지만 실제로는 많은 사람들이 두 실험에서 다른 선택을 하였습니다. 비이성적으로 판단한 것입니다. 하지만 이 선택은 예측이 가능한 것입니다. 사람들은 주변의 사물을 인식할 때 항상 다른 것과 관련짓습니다. 사람들에게는 비교하고자 하는 성향도 있지만 서로 비교하기 쉬운 것만 비교하려는 성향도 있습니다. 위의 세 가지 선택 중에서 첫 번째와 두 번째 선택을 비교하기는 쉽지 않습니다. 두 번째와 세 번째 선택을 비교하는 것은 쉽습니다. 이렇게 쉬운 비교를 통해 소비자는 선택합니다. 다르게 표현하면, 소비자는 비교의 틀을 통해 쉽게 선택을 하게 되고, 또 영업사원은 비교의 틀을 제공함으로써 소비자의 행동을 자기가 원하는 방식대로 선택하도록 만드는 것입니다.

마지막으로 필자의 인근에 있는 한 식당에서 발견한 안내 문구에 대해 생각해보기로 하겠습니다. 자연 한정식이 1인분이 15,000원인데, 2명 이하인 경우는 일인당 16,000원을 받겠다는 내용입니다.

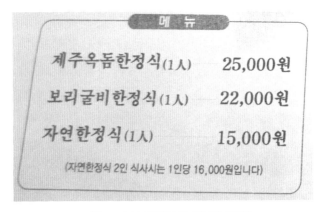

메 뉴

제주옥돔한정식(1人)   25,000원

보리굴비한정식(1人)   22,000원

자연한정식(1人)   15,000원

(자연한정식 2인 식사시는 1인당 16,000원입니다)

<그림 7> 손실 프레임으로 작성된 안내문

위 안내문의 내용을 정리하면, 2명 이하는 일인당 16,000원이고, 3명 이상은 일인당 15,000원입니다. 그런데 위의 안내문을 다르게 해석하면, 원래 가격은 15,000원인데 2명 이하인 경우는 벌금으로 1,000원씩을 더 받겠다는 뜻으로 들립니다. 이를 '손실 프레임'이라고 부릅니다. 이 식당을 이용할 때면 2인 이하의 손님들이 불쾌해하고 마찰이 생기는 것을 종종 목격하였습니다. 원래가격은 16,000원인데, 3인 이상의 경우는 1,000원을 할인하여 일인당 15,000원으

로 하겠다는 안내문을 내걸면 어떻겠습니까? 이를 '이득 프레임'이라 부릅니다. 사람들은 이득보다 손실에서 훨씬 더 큰 심리적인 충격을 받기 때문에 '이득 프레임'을 사용하는 것이 현명한 영업방침이 되지 않을까요?

■■■ **10번째 이야기**

가로와 세로

10.1. 가로 읽기와 세로 읽기

10.2. 언어속의 가로세로

10.3. 신화속의 가로세로

10.4. 숫자와 가로세로

10.5. 세로로 본 세상

10.1. 가로 읽기와 세로 읽기

아래 <그림 1>에1) 제시된 것은 바로 독립신문의 창간호입니다. 익숙하지 않은 한글이 눈에 띄지만 문맥으로 의미를 파악할 수 있습니다. 한 번 읽어보세요. 어느 방향으로 읽어야 할까요? 우선 맨 위의 신문이름부터 읽어볼까요? (여기서는 현대의 철자법에 맞게 고쳐 적겠습니다.) 요즘 우리가 글을 읽듯이 왼쪽에서 오른쪽으로 읽으면 '문신립독'이 됩니다. 그렇게 읽어서는 안 됩니다. 오른쪽에서 왼쪽으로 읽어야 합니다. '독립신문'입니다. 신문이름 아래쪽에 출간일 역시 오른쪽에서 왼쪽으로 읽어야 '조선 서울 건양 원년 사월 초칠일 금요일'이 됩니다. 그 아래쪽에 광고와 기사는 위에서 아래로 읽어야 합니다. 첫 문장은 '독립신문이 본국과 외국사정을 자세히 기록할 터이요.'입니다. 예전에는 위에서 아래로, 오른쪽에서 왼쪽으로 읽는 것이 일반적이었습니다. 현대에는 서양의 영향으로 왼쪽에서 오른쪽으로 읽습니다.

---

1) 위키백과의 '가로쓰기와 세로쓰기'에서 그림 인용.
https://ko.wikipedia.org/wiki/%EA%B0%80%EB%A1%9C%EC%93%B0%EA%B8%B0%EC%99
%80_%EC%84%B8%EB%A1%9C%EC%93%B0%EA%B8%B0

<그림 1> 독립신문 창간호

　서양사회에서는 일반적으로 왼쪽에서 오른쪽으로 읽고, 아랍어나 히브리어는 오른쪽에서 왼쪽으로 읽습니다. 중국, 일본 등 한자 문화권에서는 일반적으로 위에서 아래로 읽습니다. 왼쪽에서 오른쪽— 또는 오른 쪽에서 왼쪽—으로 읽는 것을 '가로 읽기'라고 합니다.

그러면 위에서 아래로 읽는 것은 '세로 읽기'가 되겠지요. 글을 읽는 방법에 가로로 읽는 방법과 세로로 읽는 방법이 있듯이 다양한 분야에서도 가로로 읽는 방법과 세로로 읽는 방법이 있습니다. 아래에서는 이들에 대해 살펴보도록 하겠습니다.

10.2. 언어속의 가로세로

본격적으로 가로와 세로에 대해 논의하기 전에 간단한 영문법 문제를 생각해봅시다. 아래 표현 중에서 어떤 표현이 영문법에 맞는 표현일까요?

(1) a. a my friend

b. my a friend

c. a friend of mine

(1c)가 올바른 표현입니다. (1a)와 (1b)는 문법에 맞지 않습니다. 그런데 왜 문법에 맞지 않는다고 할까요?

문장이나 구는 여러 단어들이 합쳐져서 만들어집니다. 단어들의 배열이 (발음이 되는 순서대로) 왼쪽에서 오른쪽으로 이어집니다. 그런데 단어가 아무데나 올 수 있는 것은 아닙니다. 특정 단어는 특정 위치에 와야 합니다. 예를 들어, 'a, tall, girl' 세 단어를 합쳐서 하나의 구를 만들 때에는 반드시 'a tall girl'의 순서가 되어야 합니다. 부정관사—즉, 'a'—는 반드시 형용사—즉, 'tall' 앞에 와야

하고, 또 형용사는 반드시 명사―즉, 'girl'―앞에 와야 합니다. 거꾸로 말하면, 명사 앞에 형용사가 오고, 다시 형용사 앞에 부정관사가 와야 합니다.

위에서 알아본 순서를 '자리'의 개념을 이용해 다시 표현해보겠습니다. 문장이나 구에는 명사가 올 수 있는 자리, 형용사가 올 수 있는 자리가 있습니다. 형용사 앞에 올 수 있는 자리가 한정사(determiner) 자리입니다. 아래에 제시된 단어들이 모두 한정사입니다.

(2) a. 부정관사: a, an
    b. 정관사: the
    c. 지시형용사: this, that
    d. 소유형용사: my, your, his, her, their

한정사 자리는 한 단어만을 위한 자리이기 때문에 아래의 표에서 보듯이 한정사 중에서 하나만 와야 합니다.

<표 1> 한정사-형용사-명사 자리

한정사	형용사	명사
a the this my	tall	girl

여기에서 가로와 세로의 관점을 얘기해봅시다. 가로로 보면, '한정사-형용사-명사'의 어순으로 이어지는 단어들을 볼 수 있고, 세로로

보면, 한정사란 자리에 들어갈 수 있는 단어들을 볼 있습니다. '한정사-형용사-명사'로 이어지는 관계를 '통합체적 관계(syntagmatic relation)'라고 부릅니다. 그리고 한정사란 자리에 들어 갈 수 있는 단어들끼리의 관계를 '계열체적 관계(paradigmatic relation)'라고 부릅니다. 즉, 가로로 이어지는 관계를 통합체적 관계라고 하고, 세로로 이어지는 관계를 계열체적 관계라고 할 수 있습니다.

☞ 새로운 용어 '한정사'란 이름의 필요성에 대해 잠시 살펴봅시다. 이미 (2)에 제시된 단어들을 부르는 이름이 있습니다. 그런데 왜 '한정사'란 새로운 용어가 더 필요할까요? '부정관사, 정관사, 지시형용사, 소유형용사'라는 이름은 이 단어들이 가지는 의미—즉, 정해지진 않은 것, 정해진 것, 가리키는 것, 소유하는 것—를 반영한 것입니다. 하지만 '한정사'는 '의미'가 아닌 '자리'를 반영한 이름입니다. 정리하자면, 의미를 기준으로 부르는 이름은 '부정관사, 정관사, 지시형용사, 소유형용사'인 반면 '자리'를 기준으로 부르는 이름은 '한정사'입니다. 다른 말로 하면, '한정사'란 이름은 계열체적 관계를 반영하기 위한 것입니다.

앞서 던졌던 질문에 대답할 준비가 이제 되었습니다. (1a)의 'a my friend'과 (1b)의 'my a friend'이 문법에 맞지 않는 이유는 한정사 자리에 두 단어가 동시에 왔기 때문입니다. 다른 말로 하면, 통합체적 관계에서 문제가 생긴 것입니다. 반면 (1c)의 'a friend of mine'은 통합체적 관계에 아무런 문제가 없습니다. 한정사 자리에 한 단어가 왔기 때문에 문법적으로 맞습니다. (1c)에서 '나의'란 소유개념을 나타내기 위해 명사를 뒤에서 수식할 수 있는 전치사구—

즉, 'of mine'—를 이용하였습니다. 이처럼 부정관사와 소유형용사를 동시에 나타내고 싶을 때는 한정사 자리에 부정관사를 두고 소유형용사를 전치사구로 바꾸어 명사 뒤에 오도록 해야 합니다.

이제 완전한 영어 문장에서 통합체적 관계와 계열체적 관계에 대해 살펴보도록 하겠습니다. 아래의 표에서 통합체적 관계는 'the silly girl fell into the pond'처럼 가로로 이어지는 관계입니다. 그리고 계열체적 관계는 'silly, funny, crazy, foolish'처럼 세로로 나열된 관계입니다. 다른 말로 하면, 통합체적 관계는 문장에서 함께 나타나는 단어들끼리의 관계를 말하고, 계열체적 관계는 문장에서 서로 대신 사용할 수 있는 단어들끼리의 관계를 말합니다.

<표 2> 문장에서 통합체적 관계와 계열체적 관계

계열체적 관계	통합체적 관계						
	the	silly funny crazy foolish	girl boy child lady	fell jumped walked ran	into	the	pond river lake fool

위의 표에서 같은 계열체적 관계에 있는 단어는 어떤 단어를 선택하더라도 문법적인 문장을 만들 수 있습니다. 'the funny child ran into the river'처럼 여러분 스스로 다양한 문장을 만들어 보세요.

지금까지 언어속의 가로세로 현상을 살펴보았습니다. 언어학에서 발달된 통합체적 관계와 계열체적 관계의 개념이 신화를 분석하는 데에 이용이 됩니다. 이와 관련된 논의는 아래에서 계속됩니다.

10.3. 신화속의 가로세로

언어학에서 문장 분석을 위해 사용한 개념인 통합체적 관계와 계열체적 관계를 신화 분석에서도 이용할 수 있습니다. 여기서는 Claude Lévi-Strauss의 신화분석을 소개하겠습니다.[2] 신화 속에서 통합체적 관계란 이야기의 흐름을 말합니다. 먼저 우리에게 친숙한 오이디푸스 가족 신화의 흐름을 보겠습니다.

∞ ∞ ∞ ∞ ∞ ∞ ∞

❀ 오이디푸스 가족 신화

오이디푸스의 선조이자 테베 도시의 창건자인 카드모스는 용을 죽였다. 카드모스가 땅에 심은 그 이빨에서 스파르타의 전사들이 튀어나와 곧 서로를 죽이기 시작했다. 그 싸움 끝에 다섯 명이 살아남았는데, 이들이 테베인들의 선조가 되었다.

후에 오이디푸스는 수수께끼를 내는 괴물 스핑크스를 죽이게 된다. 오이디푸스는 스핑크스를 죽인 대가로 얼마 전 라이오스 왕이 죽은 후부터 비어있던 테베의 왕위를 이어받는다. 그리고 미망인인 왕비 이오카스테와 결혼한다. 오이디푸스는 자신이 살해한 라이오스 왕이 그의 아버지였으며, 자신이 결혼한 여왕 이오카스테가 자신의 어머니였다는 사실을 몰랐다. 자신도 모르고 저지른 이 죄악에 대한 신의 저주로 테베에 역병이 돌게 되었다.

---

2) Cobley(1997)에서 인용.

오이디푸스가 추방된 이후, 오이디푸스의 두 아들 에테오클레스와 폴리네이케스는 왕위를 놓고 싸움을 벌이다 서로를 죽이게 된다. 테베의 원로원은 폴리네이케스의 시신을 묻지 않은 채로 내버려 두도록 판결을 내리지만, 그의 여동생 안티고네는 이 판결을 어기고 폴리네이케스의 장례를 치른다. 이 때문에 그녀는 산 채로 땅에 묻히는 형벌을 받게 되었다.

오이디푸스의 할아버지 람다코스의 이름이 '다리를 절뚝거리는'을, 그의 아버지 라이오스의 이름이 '왼쪽으로 기울어진'을 그리고 오이디푸스의 이름은 '부어오른 발'이라는 이름을 지니고 있다는 점이 흥미롭다.

∞ ∞ ∞ ∞ ∞ ∞ ∞ ∞

그런데 유사 신화들을 관찰하면 아래의 표에서 보듯이 유사한 흐름—즉, 혈연관계의 과대평가, 혈연관계의 과소평가, 괴물을 죽임, 몸의 균형을 잡거나 서 있는 자세에서의 장애(이름)—으로 이어지는 것을 알 수 있습니다. 한 신화의 흐름을 통합체적 관계로 보면, 유사 신화에서 발견되는 특징—예, 혈연관계의 과대평가—은 계열체적 관계로 볼 수 있습니다.

<표 3> 신화에서 통합체적 관계와 계열체적 관계

	통합체적 관계			
계열체적 관계	카드모스는 제우스에게 겁탈당한 여동생 유로파를 찾는다.	오이디푸스는 그의 아버지 라이오스를 죽인다.	오이디푸스는 스핑크스를 죽인다.	오이디푸스 = 부어오른 발
	자신의 어머니인 이오카스테와 결혼한다.	서로가 서로를 죽인다.	카드모스는 용을 죽인다.	라이오스 = 왼쪽으로 기울어짐
	안티고네는 판결을 어기고 오빠인 폴리네이케스의 시신을 묻는다.	에테오클레스는 형제인 폴리에이 케스를 살해한다.		랍다코스 = 다리를 절뚝거리는

계열체적 관계에 놓인 특징을 '신화소(mytheme)'라고 부릅니다. 혈연관계를 죽이는 신화소는 구약성경—즉, 가인과 아벨의 이야기—에서도 발견됩니다. 신화소는 문화에 따라 차이를 보이기 때문에 문화 교류의 양상을 알 수 있다는 점에서 중요합니다. 예를 들어, 천손의 강림—예, 단군—은 한국과 일본에서만 발견되는 신화소입니다. 이를 통해 일본 초기 문화가 한국에 기원을 두고 있다는 것을 알 수 있습니다. 신화소의 대표적인 예는 우리나라 대부분의 신화에서 발견되는 난생신화—예, 김수로왕—와 중동에서 발견되는 홍수신화—예, 노아—등이 있습니다.

　☞ '신화소(mytheme)'는 다음 이야기에서 살펴볼 '음소(phoneme)'란 용어를 기초로 만든 용어입니다.

여기서 강조하고자 하는 점이 두 가지 있습니다. 첫째, 가로로 읽을 때는 발견할 수 없었던 것을 세로로 읽었을 때 비로소 신화소와 같은 중요한 개념을 발견할 수 있었다는 것입니다. 둘째, 언어학의 개념을 다른 학문분야에 응용함으로써 새로운 발견을 할 수 있었다는 점입니다.

10.4. 숫자와 가로세로

이제 숫자와 관련된 가로세로의 이야기를 해보겠습니다. 우리에게 익숙한 아라비아[3] 숫자를 사용하기 전에 유럽 사람들은 로마 숫자를 사용하였습니다. 로마 숫자를 아라비아 숫자와 비교해보면 다음과 같습니다.

<표 4> 로마 숫자와 아라비아 숫자

로마	I	II	III	IV	V	VI	VII	VIII	IX	X
아라비아	1	2	3	4	5	6	7	8	9	10

위의 표에 제시된 로마 숫자는 크게 어렵지 않게 이해할 수 있습니다. 'I'는 '1'을 의미합니다. 'I'가 두 개이면 '2'가 됩니다. 하나 흥미로운 것은 'I'의 위치에 따라 추가의 의미도 되지만 반대로 빼기의 의미도 됩니다. 예를 들어, 'V'의 오른쪽에 'I'가 오면 '6'이 되고, 'V'의 왼쪽에 오면 '4'가 됩니다.

로마 숫자의 기본이 되는 기호는 아래 표에 제시되어 있는 7개의 기호입니다. 다양한 숫자를 이 기호를 이용하여 나타냅니다.

---

3) 원래 인도에서 만들어진 숫자인데 아라비아 사람들을 통해 유럽에 알려졌기 때문에 아라비아 숫자로 불리게 되었습니다. 따라서 인도-아라비아 숫자라고 부르는 것이 좋겠습니다만, 여기서는 편의상 통용되는 아라비아 숫자라고 부르겠습니다.

<표 5> 로마 숫자와 아리비아 기본 기호

로마	I	V	X	L	C	D	M
아라비아	1	5	10	50	100	500	1,000

예를 들어, '975'는 'CMLXXV'처럼 표기합니다. 'CM'은 'C'가 'M'의 왼쪽에 왔기 때문에 '1,000'에서 '100'을 뺀 '900'을 의미합니다. 다음 'L'은 '50'을, 다음 'X'는 '10'을, 그다음 'X'도 '10'을, 그리고 마지막 'V'는 '5'를 의미합니다. 이 수를 모두 합하면—즉, 900 + 50 + 10 + 10 + 5— '975'가 됩니다. 읽기가 쉽지 않습니다. 아래 로마 숫자 중에서 어떤 숫자가 더 큰 수를 의미할까요?

(3) a. CM
    b. XXX

'CM'은 '900'이고, 'XXX'는 '30'을 의미합니다. 'CM'이 더 큰 수입니다. 그런데 'CM'은 두 개의 기호로 표시된 반면, 'XXX'는 세 개의 기호로 표시되었습니다. 더 적은 기호의 개수로 표시된 수가 더 많은 기호의 개수로 표시된 수보다 작은 것입니다. 앞서 배운 도상성 원리에는 맞지 않는 기호 체계입니다. 더 적은 기호의 개수가 더 큰 수를 의미할 수 있는 이유는 무엇일까요? 아라비아 숫자 체계와는 어떻게 다를까요?

아라비아 숫자 체계에는 '자리'가 중요한 의미를 지닙니다. 로마 숫자 체계와 근본적으로 다른 점입니다.

<표 6> 아라비아 숫자 체계

천	백	십	일
1	2	3	4
	9	7	5
		3	0

따라서 기호의 개수가 많을수록 큰 수를 의미합니다. 도상성 원리에 부합힙니다. '천, 백, 십, 일'의 자리의 발견이 우리 인류에 끼친 영향은 대단히 큽니다. 로마 숫자로는 더하기, 빼기, 곱하기, 나누기와 같은 연산이 힘이 듭니다. 특히 곱하기와 나누기는 매우 힘이 듭니다. 자리의 발견을 통해 인류가 연산을 보다 쉽게 할 수 있게 된 것입니다.

연산을 효과적으로 할 수 있는 체계를 발견한 비결은 숫자를 가로로만 보지 않고 세로로 볼 수 있는 지혜가 있었기 때문이었습니다. 가로세로의 관점에서 두 숫자 체계를 표현하면, 로마 숫자는 가로로만 보는 체계인데 반해 아라비아 숫자는 가로와 세로를 함께 보는 체계라고 할 수 있습니다.

ⓓ ⓓ ⓓ ⓓ ⓓ ⓓ ⓓ

❀ '0'의 의미

아라비아 숫자체계에서는 '0'이 반드시 필요합니다. 그 자리에는 아무 것도 없다는 뜻입니다. 하지만 로마 숫자체계에서는 '0'을 나타내는 기호가 필요 없습니다. 고대 그리스인들은 없는 것을 어떻게 나타낼 수 있는지 반문하기도 했습니다. 인도에서는 '0'의 개념이 오래 전부터 사용이 되었는데, '0'은 숫자 이외에 수레의 '바퀴'를 나타내는 기호로도 사용을 합니다. '바퀴'는 또 '윤회'의 의미를 갖기도 합니다.

Werber(1993)에 의하면, 현재 우리가 사용하는 '0'은 인도에서 유래한 것으로 페르시아인들이 이를 모방하고 몇 세기 후 아라비아인들이 다시 페르시아인들로부터 빌려와서 사용하였습니다. 유럽에서는 13세기가 되어서야 도입이 되었습니다. 그 당시 유럽인들은 '0'의 개념을 잘 이해하지 못하였습니다. 어떤 수와 곱하더라도 '0'으로 만들어 버리기 때문에 사탄의 수라고도 하였습니다. '0'은 당시로는 혁명적인 개념이었습니다. 자신은 아무 가치가 없지만 다른 수의 오른쪽에 붙으면 어마어마한 힘을 발휘합니다.

∞ ∞ ∞ ∞ ∞ ∞ ∞

가로라는 고정된 시각으로만 바라보지 않고 세로라는 새로운 시각으로 바라봄으로써 새로운 것을 발견할 수 있습니다. 우리 주변에 새로운 시각으로 발견한 것들에는 어떤 것이 있는지 아래에서 살펴보겠습니다.

10.5. 세로로 본 세상

Bernard Werber가 그의 작품 '개미'에 소개한 덕분에 유명해진 성냥개비 수수께끼를 풀어볼까요? 아래 그림과 같은 성냥개비 여섯 개로 정삼각형 네 개를 만들어 보세요.

<그림 2> 여섯 개의 성냥개비

평면상에서 여섯 개의 성냥개비로 네 개의 정삼각형을 만들 수 있는 방법은 없습니다. 3차원의 공간을 생각해야만 정삼각형을 만들 수 있습니다. 정답은 아래 그림과 같습니다.

<그림 3> 여섯 개의 성냥개비로 만든
네 개의 정삼각형

2차원의 생각을 뛰어넘어 3차원으로 생각해야만 풀 수 있는 문제입니다. 이처럼 고정된 관념을 버리고 창의적인 아이디어로 새로운 상품이나 개념을 만들어 낸 예를 아래에서 알아보겠습니다.

영국의 가전제품 기업인 'Dyson'이 있습니다. 2009년 '날개없는 선풍기'를 선보임으로써 세계를 깜짝 놀라게 했습니다. "날개도 없이 어떻게 바람을 낸단 말인가?" 사람들이 의구심을 가질 때 창업자인 James Dyson은 거꾸로 생각했습니다. 왜 선풍기는 꼭 날개가 필요하지? 날개로 인해 생길 수 있는 여러 가지 위험과 불편함을 없애고자 역발상을 한 것입니다. 선풍기가 처음 만들어진 후 100년 이상 지속되어온 고정관념을 깬 것입니다. Dyson은 '날개 없는 선풍기'를 쉽게 만들었을까요?

<그림 4> 날개 없는 선풍기(Air Multiplier)

수많은 실패와 시행착오를 겪으면서 얻어낸 결과일 것입니다. 실패에 대해 Dyson이 한 다음 말을 음미해볼 필요가 있습니다.

♣ Failure is an enigma. You worry about it, and it teaches you something.
♣ Fear is always a good motivator.

미세먼지로 인해 힘들지 않습니까? 미세먼지를 발생시키는 많은 요인들이 있겠지만, 자동차에서 뿜어져 나오는 매연도 가장 큰 요인들 중에 하나일 것입니다. 만약 현재의 화석연료자동차를 전기자동차로 바꿀 수 있다면 얼마나 좋을까요? 하지만 전기자동차로 대체하기 가장 어려운 이유 중의 하나는 배터리(battery)의 문제입니다. 기름은 금방 넣을 수 있지만 전기는 충전하는데 오랜 시간이 걸리는 것이 문제입니다. 그래서 배터리의 성능을 높이는데 많은 노력을 기울이고 있습니다. 그런데 미국의 'Solar Roadways'란 회사는 역발상을 합니다. 일반 도로 위에 태양광 패널을 설치해 전기차를 충전하겠다는 생각입니다.

<그림 5> 태양광 도로

태양광으로 얻은 전기로 겨울철에 도로의 눈을 녹이기도 하고 가로등을 켜는 데에도 이용할 수 있습니다. 또 패널 안에 LED나 통신망을 장착해서 길을 안내하거나 또 'Big Data'를 활용하여 교통을 원활하게 이용하는데 사용할 수도 있습니다. 물론 경제성 등 앞으로 극복해야 할 문제도 많겠지만, 배터리는 자동차 안에 있어야 된

다는 생각에서 벗어난 역발상에 박수를 보내고 싶습니다.

 마지막으로 '공유경제(sharing economy)'의 개념입니다. 'Airbnb'
와 'Uber'가 가장 대표적인 공유경제 기업입니다.

<그림 6> 대표적인 공유기업

공유경제란 소유한 재산을 공유함으로써 자원의 낭비를 방지하자는
취지를 가진 것입니다. 승용차의 경우 대부분의 사람들은 하루 24
시간 중에서 출퇴근할 때에 잠시 이용하고 대부분의 시간은 직장이
나 집에 둡니다. 주차되어 있는 차를 누군가가 이용하고 비용을 지
불한다면 소유자의 입장에서도 경제적으로 이득이 될 것이고 나라
전체적으로도 그만큼 자원을 절약하게 될 것입니다. 집도 마찬가지
입니다. 사용하지 않는 방을 공유하자는 생각입니다. 예전에는 미
처 생각하지 못했던 새로운 개념입니다. 가만히 생각해보면, 집이
든 차든 사용하기 위해서 소유를 하는 것인데 사용보다는 소유에
집착한 것은 아닌지 모르겠습니다. 내 소유의 집이나 차는 나만 사
용해야 한다는 고정관념에서 탈피한 것으로 볼 수 있습니다. 이런
역발상을 통해 새로운 경제의 패러다임을 만들어낸 것입니다.

11번째 이야기

다름

11.1. 일상생활속의 다름

    11.1.1. 숫자 읽기

    11.1.2. 나이 계산하기

11.2. 언어에서의 다름

    11.2.1. 차이를 만드는 소리

    11.2.2. 음절

    11.2.3. 리임과 리듬

11.3. 다름에 대한 다른 생각

11.1. 일상생활속의 다름

여기서는 숫자 읽기와 나이 계산하기에서 한국어와 영어는 서로 어떻게 다른지 살펴보겠습니다.

11.1.1. 숫자 읽기

영어와 한국어 모두 체계적인 '수 체계(number system)'를 가지고 있습니다. 하지만 그 체계는 서로 다릅니다. 여러분은 '100,000' 또는 '100,000,000'이란 숫자를 쉽게 읽을 수 있습니까? 앞의 숫자는 그나마 눈에 익숙해서 '십만'이라고 읽을 수 있을지 모르겠습니다. 뒤의 숫자를 '일억'이라고 읽기는 쉽지 않습니다. '0'의 개수를 헤아려서 겨우 '일억'이라고 읽을 수 있습니다. 영어와 한국어의 '수 체계'가 어떻게 다른지 아래 표를 자세히 관찰해보세요.

<표 1> 숫자 읽기 및 표기 비교

영어		한국어	
읽기	숫자	읽기	숫자
ten thousand	10,000	만	1,0000
one hundred thousand	100,000	십만	10,0000
one million	1,000,000	백만	100,0000
ten million	10,000,000	천만	1000,0000
one hundred million	100,000,000	일억	1,0000,0000
one billion	1,000,000,000	십억	10,0000,0000

위의 표에서 숫자를 관찰하면 특이한 점이 보입니다. 영어는 3자리마다 쉼표(comma)를 찍고, 한국어는 4자리마다 쉼표를 찍습니다. 여러분의 눈에 익숙한 방식은 어느 것입니까? 3자리마다 쉼표를 찍는 영어의 방식이 우리가 일상생활에서 자주 보는 것입니다.

그런데 왜 영어는 3자리마다 쉼표를 찍고 한국어는 4자리마다 쉼표를 찍을까요? 그것은 바로 '수 체계'가 다르기 때문입니다. 영어는 '1,000'배마다 새로운 단위로 넘어가는 반면 한국어는 '10,000'배마다 새로운 단위로 넘어갑니다. 예를 들어, 영어는 '1,000'배마다 새로운 단위인 'thousand, million, billion' 등으로 바뀝니다. 반면 한국어는 '10,000'배마다 새로운 단위인 '만, 억, 조' 등으로 바뀝니다. 그래서 같은 숫자인 '100000'을 영어로는 '100,000'으로 표기하고 'one hundred thousand'라고 읽는 반면, 한국어로는 '10,0000'으로 표기하고 '십만'이라고 읽습니다. '100000000'도 영어로는 '100,000,000'으로 적고 'one hundred million'이라고 읽는 반면, 한국어로는 '1,0000,0000'으로 적고 '일억'이라고 읽습니다.

국제표준을 따라가다 보니 우리도 3자리마다 쉼표를 찍는 것이 관습이 되었습니다만 필자처럼 숫자에 둔감한 사람은 여간 불편한 방법이 아닙니다. '일억'을 '1,0000,0000'라고 적고 '십억'을 '10,0000,0000'으로 적으면 쉽게 알 수 있을 텐데 아쉬운 점이 있습니다. 이렇게 큰 숫자를 접하며 살 기회가 거의 없기 때문에 걱정할 필요는 없을 것 같기는 합니다.

11.1.2. 나이 계산하기

간혹 주변에서 한국 나이를 미국 나이로 어떻게 바꾸는지 궁금해하는 사람들을 봅니다. 흔히들 한국 나이에서 '1'을 빼면 미국 나이가 된다고들 합니다. 하지만 두 문화에서 나이를 계산하는 방식이 완전히 다르기 때문에 이 방식이 항상 옳은 것은 아닙니다. 나이를 말할 때 한국어는 '살' 또는 '세'란 표현을 사용하는데 반해 영어는 'old'란 표현을 사용합니다.

(1) a. 그 학생은 스무 살/이십 세입니다.

   b. The student is twenty years <u>old</u>.

한국어의 나이 계산법을 먼저 생각해봅시다. '살'과 '세'는 '해(year)' 또는 '년(year)'을 의미합니다. 따라서 '해'가 중요한 역할을 합니다. '해'가 바뀌면 모든 사람들의 나이가 함께 바뀝니다. 아이가 태어난 해는 아이에게는 '첫 해'가 되므로 그 아이의 나이는 '한 살'이 됩니다. 아이가 태어난 후 '두 번째 해'를 맞으면 '두 살'이 됩니다. 이런 식으로 나이를 계산하면, 아이가 태어난 후 몇 달 혹은 며칠 만에 두 살이 될 수도 있습니다.

영어의 나이 계산법은 전혀 다릅니다. 문자 그대로 'old'의 개념을 사용합니다. 아이가 태어나서 일 년을 살고 첫 돌을 맞아야 일 년 늙은 것이니까 그제야 'one year old'가 됩니다. 해가 바뀌어도 나이가 올라가지 않습니다. 자기의 생일을 맞이해야 나이가 올라갑니다. 어제 갓 태어난 아이가 있습니다. 그 아이의 나이를 영어로 어떻게 말할까요? 영어로는 아래와 같이 표현합니다.

(2) The baby is one day old.

그리고 'year old'를 '살, 세'의 개념으로 받아들이다 보니 'day old'와 같은 표현이 생소할 수도 있습니다. 하지만 영어로는 태어난 후 산 시간을 나타내므로 아래와 같은 다양한 표현을 사용합니다.

(3) a. She is two hours old.
    b. She is three weeks old.
    c. She is four months old.
    d. She is two years and three months old.

여러분의 나이를 한국어와 영어로 말해보세요. 나이가 젊어져서 기분이 좋나요?! 지금까지 일상생활에서 느낄 수 있는 '수 체계'와 '나이 체계'의 차이에 대해 알아보았습니다. 아래에서는 언어에서 나타나는 '다름'과 관련된 현상을 살펴보겠습니다.

11.2. 언어에서의 다름

여기서는 주제를 세 가지로 나누어 살펴보고자 합니다. 차이를 만드는 소리, 음절, 음절박자와 강세박자의 순서로 살펴보겠습니다.

11.2.1. 차이를 만드는 소리

우리는 '풀'과 '뿔'을 너무나도 쉽게 잘 구분하는데, 영어 화자들은 왜 우리말의 '풀'과 '뿔'을 잘 구분하여 발음을 하지 못할까요?

(4)　　발음　　의미
　　a. 풀　　grass
　　b. 뿔　　horn

한국인들은 왜 'ㅍ'과 'ㅃ'을 쉽게 구분할 수 있을까요. 초성인 'ㅍ'과 'ㅃ'을 제외하면 단어의 나머지 모음과 받침은 똑같습니다. 결국 'ㅍ'과 'ㅃ'으로 인해 두 단어의 의미가 달라집니다. 이 두 소리로 인해 의미가 달라지는 것입니다. 이렇게 뜻의 차이를 만드는 소리를 '음소(phoneme)'라고 부릅니다. 한국어에서 'ㅍ'과 'ㅃ'은 뜻의 차이를 만들기 때문에 음소가 됩니다. 그런데 음소란 그 언어의 원어민들이 쉽게 구분할 수 있는 특성을 지닙니다. 그 이유는 의미의 차이를 만드는 것만큼 그 소리에 주의를 기울이고 중요하게 인식하기 때문입니다.

영어 화자들은 왜 'ㅍ'과 'ㅃ'을 잘 구분하지 못할까요? 단지 한국어의 발음이기 때문에 구분을 잘 못하는 것일까요? 사실은 'ㅍ'

그리고 '빠'과 비슷한 발음이 영어에도 있습니다. 'pie'와 'spy'의 'p'는 각각 '프' 그리고 '빠'과 비슷한 발음입니다. 그런데도 왜 영어 화자들은 이 두 소리를 잘 구분하지 못하는 것일까요? 비록 비슷한 소리가 있지만 이 소리들은 영어에서는 음소가 아니기 때문입니다. 이 두 소리로 의미의 차이를 만드는 단어를 영어에서는 결코 발견할 수 없습니다. 'pie'를 '파이'로 발음하거나 '빠이'로 발음한다고 의미가 달라지지는 않습니다. 이런 소리를 '이음(allophone)'이라 부릅니다. 이음은 원어민이 쉽게 구분할 수 없는 발음입니다. 왜냐하면 의미의 차이를 만들지 않아서 그 소리에 주의를 기울이고 중요하게 인식할 필요가 없기 때문입니다.

정리하자면, 한국인들이 '프'과 '빠'을 쉽게 구분할 수 있는 것이 이들이 한국어에서 음소이기 때문인 반면, 영어 화자들이 이들을 쉽게 구분할 수 없는 이유는 이들이 영어에서는 이음이기 때문입니다. 음소와 이음의 구분은 의미의 차이를 만드느냐 여부에 달려있습니다. 의미의 차이를 만드는 소리가 음소가 되고, 의미의 차이를 만들지 못하는 소리가 이음이 됩니다.

이제 다른 질문을 해보겠습니다. 왜 영어 원어민들은 'l'과 'r'을 쉽게 구분하는데 우리는 이들을 잘 구분하지 못할까요? 영어에서 'l'과 'r'은 음소입니다. 아래의 영어 단어를 보세요.

(5)　　발음　　　의미
　　a. light　　빛
　　b. right　　바른, 오른쪽

두 단어에서 'l'과 'r'을 제외한 나머지 발음은 똑 같습니다. 결국 'l'과 'r'이 의미의 차이를 만드는 소리라고 할 수 있습니다. 따라서 'l'과 'r'은 영어에서 음소가 됩니다. 음소는 원어민들이 쉽게 구분할 수 있는 소리입니다.

반면 한국인들은 'l'과 'r'을 쉽게 구분하지 못합니다.[1] 한국인들이 'l'과 'r'을 쉽게 구분하지 못하는 이유는 이들이 한국어에서는 음소가 아니기 때문입니다. 'l'과 'r'이 의미의 차이를 만드는 단어는 한국어에서는 결코 찾을 수 없습니다. 한국어에서 'l'과 'r'은 단지 이음에 불과합니다. 아래의 단어를 'ㄹ'의 발음에 초점을 맞춰 발음해보세요.

(6) a. 길
    b. 구름

두 단어에 사용된 'ㄹ'은 발음이 서로 다릅니다. '구름'의 'ㄹ'은 혀끝이 윗니 뒤쪽의 잇몸을 살짝 스치면서 재빨리 지나가는데 반해, '길'의 'ㄹ'은 혀끝이 치아 뒷면과 잇몸에 상대적으로 오랜 시간동안 닿아있습니다. '구름'의 'ㄹ'과 '길'의 'ㄹ'은 발음에서 영어의 'r'과 'l'을 각각 (완벽히 같지는 않지만) 닮았습니다. 한국어에도 'l'과 'r'의 발음이 있는데도 불구하고 한국인들이 영어의 'l'과 'r'을 잘 구분하지 못하는 이유는 이들이 단지 이음에 불과하기 때문

---

[1] 여러분은 잘 구분할 수 있다고 장담할 수 있을까요? 너구리과의 '라쿤'은 'lacoon'일까요? 아니면 'racoon'일까요? 그리고 낙타과의 동물 '라마'는 'lama'일까요? 아니면 'rama'일까요? 혹시 여러분은 구분할 수 있다고요?! 하지만 대부분의 한국인들에게는 여전히 구분하기 힘든 발음임에는 틀림이 없습니다.

입니다. 이 두 발음이 의미의 차이를 만드는 단어는 한국어에서는 결코 찾을 수 없습니다. 따라서 이 두 발음은 한국어에서 음소가 될 수 없습니다. 의미의 차이를 만들지 못하는 두 소리에 주의를 기울이고 중요하게 인식할 필요가 없기 때문에 두 소리를 잘 구분하지 못하는 것입니다.

☞ 2000년대 초반 우리나라에 기괴하고 끔찍한 일이 벌어졌습니다. 아이들이 'l'과 'r' 같은 영어 발음을 잘 하려면 혀가 길어야 된다고 혀의 길이를 늘리는 수술이 서울의 일부 지역을 중심으로 성행했습니다. 돈벌이에 혈안이 된 의사와 무식하거나 사기성이 농후한 영어강사가 합심하여 무지한 학부모들로부터 돈을 갈취한 것입니다. 여러분들은 이미 영어 발음과 혀의 길이는 전혀 상관이 없다는 것을 깨달았을 것입니다.

정리하자면, 'l'과 'r'은 영어에서 음소인 반면, 한국어에서도 유사한 소리가 있지만 이들은 단지 이음에 불과합니다. 따라서 영어 원어민은 이들을 쉽게 구분할 수 있지만 한국인들은 이들을 쉽게 구분하지 못하는 것입니다.

이제 여기서 철자의 문제를 잠시만 생각해보겠습니다. 위의 (4)에 제시된 두 단어의 '르' 발음이 다른데도 불구하고 왜 하나의 철자 '르'로 표기할까요? 그것은 하나의 음소이기 때문입니다. 비록 자세히 관찰을 하면 두 소리가 차이가 나겠지만 일반적으로 원어민에게는 그냥 이음일 뿐 두 소리는 하나의 소리로 인식되는 음소입니다. 하나의 소리로 인식되는 소리에 다른 철자를 사용한다면 오히려 원어민에게 혼동을 초래할 수 있습니다. 우리나라에서 문자가 없는 외국에 한글을 보급하는 사업을 합니다. 그런데 무턱대고 한글로 표기해서는 안 됩니다. 그 나라 말에 어떤 소리가 음소인지를 구분하는 것부터 시작해야 합니다. 영어의 'l'과 'r' 두 소리가 음소이기 때문에 두 개의 다른 철자가 필요하고 한국어에는 비록 유사한 두 소리가 있지만 이들은 단지 이음에 불과하기 때문에 하나의 철자 'ㄹ'만 필요하다는 것을 기억할 필요가 있습니다.

지금까지 의미의 차이를 만드는 소리인 음소에 대해 살펴보았습니다. 아래에서는 언어들이 음절에서 어떤 차이를 보이는지 살펴보겠습니다.

11.2.2. 음절

일본 사람들은 왜 '김치'를 잘 발음하지 못해 '기무치'라고 할까요? 그 이유는 일본어와 한국어의 '음절(syllable)'을 구성하는 체계가 다르기 때문입니다. 음절은 한국인에게 쉬운 개념입니다. 한 글자가 한 음절이 되기 때문입니다. 한 음절은 아래에서 보듯이 초성(onset), 중성(nucleus), 그리고 종성(coda)으로 구성됩니다.

(7) 음절 = 초성 + 중성 + 종성
    (학)   (ㅎ)   (ㅏ)   (ㄱ)

'학'이란 음절을 예로 들면, 초성은 'ㅎ', 중성은 모음인 'ㅏ', 그리고 종성은 받침인 'ㄱ'으로 구성되어 있습니다.

그런데 언어마다 종성에 올 수 있는 자음의 종류가 다를 수 있습니다. 한국어에서는 'ㅁ'이 종성에 올 수 있지만, 일본어에서는 'ㅁ'은 종성에 올 수 없습니다. 종성에서 허용이 되지 않는 발음은 다음 음절의 초성으로 발음하는 것이 일반적입니다. 따라서 일본 사람들은 종성에서 허용되지 않는 'ㅁ'을 새로운 음절을 하나 더 만들어 그 음절의 초성으로 발음합니다.

(8)　한국인　　　일본인
　　김치　　>　기무치

한 음절이 구성되기 위해서는 반드시 중성은 있어야 합니다. 비록 초성과 종성은 없어도 음절이 구성될 수 있지만, 중성은 음절 구성에 필수적입니다. 'ㅁ'이 새로운 음절의 초성으로 사용되므로 음절이 구성되기 위해서 중성이 반드시 필요하기 때문에 '무'처럼 발음이 된 것입니다.

일본인들이 '기무치'처럼 이상한 발음으로 말하는 것처럼 혹시 우리는 영어나 외국어를 할 때 이상한 발음으로 말하지는 않을까요? 우리는 영어의 'catch'란 단어를 어떻게 발음할까요? 우리는 일반적으로 '캐치'라고 발음합니다. 그런데 이 발음은 영어 원어민들에게 정확한 발음으로 들릴까요?

(9)　영어 원어민　　　한국인
　　catch [kætʃ]　>　캐치

결코 그렇지 않습니다. 영어의 [ʧ] 발음은 우리말의 'ㅊ'과 같습니다. 그런데 영어에는 이 소리가 종성에 올 수 있습니다. 하지만 우리말에서는 이 소리가 종성에 오지 못하는 소리입니다. 따라서 이 소리를 새로운 한 음절을 만들어 그 음절의 초성으로 사용합니다. 초성만으로는 음절이 구성이 될 수 없으므로 중성을 사용하여 '치'로 발음하는 것입니다. '김치'를 '기무치'로 발음하는 것과 유사한 현상이 우리가 영어를 발음할 때에도 발생합니다. 음절의 체계가 서로 달라서 생기는 아주 자연스러운 현상입니다.

그런데 현명한 독자는 이런 질문을 할 수 있습니다. 왜 한국어에서 'ㅊ'이 종성에 오지 못한다고 하지? 아래의 단어를 보면, 'ㅊ, ㅅ, ㅈ'이 종성에 오는 것처럼 보입니다.

(10) 빛, 빗, 빚

하지만 이것은 철자법에 따라 그렇게 쓰는 것일 뿐, 실제로 철자법대로 발음을 하는 것은 아닙니다. 위의 단어들을 발음하면 모두 같은 발음이 됩니다. 이것은 종성이 표기와는 달리 실제로 그렇게 발음되지 않는다는 것을 암시합니다. 다른 말로 하면, 'ㅊ, ㅅ, ㅈ'은 종성에 허용되지 않는 소리입니다. 이 소리들은 종성에서는 소리가 나지 않지만 모음으로 시작되는 다음 음절이 있을 때는 이 소리들이 그 음절의 초성으로 발음됩니다. 예를 들어, 다음 음절이 '이'로 시작되면, '비치, 비시, 비지'처럼 발음이 됩니다.

☞ 영어의 'good morning'을 한국어로 '굿모닝'이라고 적는 이유

가 무엇일까요? 좀 더 범위를 좁혀 이야기 하면, 'good'을 '군'이라고 적지 않고 '굿'이라고 적을까요? 'good'이란 음절만 생각하면 굳이 '굿'이라고 적어야 할 이유가 전혀 없습니다. 하지만 우리가 'good이다'를 발음하게 되면 '구시다'가 됩니다. 다음 음절의 초성이 'ㅅ'으로 나타나기 때문에 한 음절로 표기할 때는 다음 음절의 초성을 당겨 종성에 표기한 것입니다.

지금까지 우리는 언어에 따라 음절을 구성하는 체계가 다를 수 있다는 것을 살펴보았습니다. 일본인들이 '김치'라는 발음 대신에 '기무치'라고 한다든지, 한국인들이 'catch'를 '캐치'라고 발음하는 것은 종성에 올 수 있는 자음의 종류가 다르기 때문이라는 것을 배웠습니다. 아래에서는 시나 노랫말에서 사용하는 라임과 리듬에 대해 살펴보겠습니다.

11.2.3. 라임과 리듬

시나 노랫말에 자주 이용되는 '라임(rhyme)'과 '리듬(rhythm)'에 대해 알아보겠습니다. 먼저 라임에 대해 살펴보겠습니다. 라임은 음절을 구성하는 한 부분으로 아래의 그림에서와 같이 초성을 뺀 나머지 부분을 일컫는 용어입니다.

<그림 1> 음절과 라임

라임은 원래 시인들이 시를 적을 때 애용하던 기법입니다. 아래 19세기 영국의 시인 William Blake의 시에서 라임을 어떻게 맞추었는지 살펴보세요.

> To see a World in a grain of <u>sand</u>,
> And a Heaven in a wild <u>flower</u>,
> Hold Infinity in the palm of your <u>hand</u>,
> And Eternity in an <u>hour</u>.
> (한 알의 모래에서 세계를 보고,
> 한 송이 들꽃에서 천상을 본다.
> 그대 손바닥에서 무한을 잡고,
> 순간에서 영원을 붙잡는다.)

첫째 행의 'sand'와 셋째 행의 'hand'의 밑줄 친 발음의 라임이 맞고, 둘째 행의 'flower'와 넷째 행의 'hour'의 밑줄 친 발음의 라임이 맞습니다. 한 행을 건너 뛰어 1행과 3행의 라임을 맞추고, 또 2행과 4행의 라임을 맞추었습니다. 라임의 전개가 ABAB와 같은 패턴으로 진행됩니다.

우리나라에서는 영어의 '라임'과 유사한 '각운'을 시에서 즐겨 사용합니다. 각운은 연의 마지막 음절 전체를 맞추는 것을 말합니다. 아래 윤동주님의 '나의 길, 새로운 길'을 읽어보세요. 아래의 시에서 밑줄 친 글자가 각운을 맞춘 것입니다.

> 내를 건너서 숲<u>으로</u>
> 고개를 넘어서 마을<u>로</u>

어제도 가고 오늘도 갈
나의 길 새로운 길

민들레가 피고 까치가 날고
아가씨가 지나고 바람이 일고

나의 길은 언제나 새로운 길
오늘도.. 내일도..

1연과 2연의 '로', 5연과 6연의 '고', 4연과 7연의 '길'이 각운을 맞춘 것입니다. 요즘 유행하는 랩(rap)에서 각운을 맞추는 기교를 즐겨 사용합니다. 아래 '방탄소년단'의 노랫말을 보세요.

아빠 아빤 대체 어떻게
엄마한테 고백한 건지
편지라도 써야 될런지
뭘지 니 앞에서 난 먼지

영어나 한국어 모두 같은 발음을 사용함으로써 시나 노랫말에 재미를 가미한다는 점은 같습니다. 하지만 일반적으로 영어는 라임을 이용하지만 우리는 각운을 이용한다는 점에서 차이를 보입니다.

이제 리듬에 대해 살펴보겠습니다. 리듬은 시나 노랫말에 음악적인 요소를 가미함으로써 재미있고 생동감이 넘치도록 만들어 줍니다. 그런데 영어와 한국어는 리듬을 맞추는 체계가 서로 다릅니다. 마치 영어는 큰 북과 작은 북을 울려 소리를 내는 것에 비유할 수 있다면, 한국어는 중간 북을 이어서 치다가 잠깐 쉬고 다시 치는 것에 비유할 수 있습니다.

<그림 2> 리듬을 만드는 다른 방식: 영어(위) vs. 한국어(아래)

영어에서 강세(stress)가 큰 북 역할을 합니다. 한국어에서는 이어서 발음되는 음절수를 조정하여 중간에 북을 잠시 멈추는 효과를 만들어 냅니다. 영어처럼 강세로 리듬을 만드는 언어를 '강세박자 언어(stress-timed language)'라 부르고, 한국어처럼 음절로 리듬을 만드는 언어를 '음절박자 언어(syllable-timed language)'라 부릅니다.

영어에서 어떻게 강세가 리듬을 만드는지 살펴보겠습니다. 아래의 시 'Amazing Grace'는 찬송가로 알려져 있는데 전형적인 발라드(ballad) 양식의 시입니다. 발라드는 시 전체가 약강, 약강의 패턴으로 이어집니다. 그리고 1연과 3연은 4개의 음보(metre)—즉, 약강의 단위—로 이루어지고 2연과 3연은 3개의 음보로 이루어집니다. 참고로, 영어 문장에서 명사, 동사, 형용사, 부사에는 강세가 오고 관사, 전치사, 대명사 등 나머지 품사에는 강세가 오지 않는 것이 일반적인 규칙입니다. 아래의 시에서 강세가 있는 음절 위에는 큰 북으로, 강세가 없는 음절 위에는 작은 북으로 표시하였습니다. 이제 시가 음악이 되도록 읽어보세요.

Amazing Grace! how sweet the sound

That saved a wretch like me;

I once was lost, but now am found;

Was blind, but now I see.

위의 시를 읽으면서 혹시 라임을 발견하였습니까? 1연과 3연의 'sound'와 'found'가 그리고 2연과 4연의 'me'와 'see'가 라임을 맞추었습니다. 라임의 전개는 위에서 살펴본 Blake의 시처럼 ABAB 패턴으로 이루어졌습니다.

한국어에서는 한 묶음으로 발음하는 음절수를 조절하여 리듬을 만듭니다. 우리 모두가 아는 김소월님의 '진달래꽃'을 예로 들어보겠습니다. 시의 첫 연은 7음절로 구성이 되고 둘째 연은 5음절로 구성이 됩니다. 7음절과 5음절로 구성된 두 연이 하나의 구절이 됩니다. 시를 읽을 때는 구절은 다시 3음보로 나누어 읽습니다. 예로 들자면, '나 보기가 역겨워 가실 때에는'의 구절은 '나 보기가', '역겨워', '가실 때에는'의 사이를 띄어서 읽습니다. 아래에서 '//'는 구절의 경계를, '/'는 음보의 경계를 의미합니다. 음보나 구절의 경계에서는 잠시 쉬고 경계 표시가 없는 음절은 묶어서 읽어보세요. 시가 음악으로 들리나요?

나 보기가 / 역겨워 /
가실 때에는 //
말없이 고이 보내 /
드리오리다. //

영변에 / 약산 /
진달래꽃, //
아름 따다 / 가실 길에 /
뿌리오리다. //

가시는 / 걸음걸음 /
놓인 그 꽃을 //
사뿐히 / 즈려밟고 /
가시옵소서. //

나 보기가 / 역겨워 /
가실 때에는 //
죽어도 / 아니 눈물 /
흘리오리다. //

영어는 이어지는 발음의 강약을 통해 리듬을 만드는 반면, 한국어는 발음과 발음 사이에 쉬어감으로써 리듬을 만듭니다. 어떤 일을 행함으로써 무엇인가를 만드는 것이 일반적이지만, 아무 일도 행하지 않음으로써 무엇인가를 만들 수도 있다는 것이 흥미롭습니다. 서양화에서는 여백이 없습니다. 서양화에서 여백은 곧 미완성을 의미합니다. 캔버스를 색으로 다 채워야만 그림이 완성된 것으로 생각합니다. 하지만 동양화는 '여백'을 통해서 그림을 완성합니다. 동양문화에서는 이처럼 하지 않는 것이 중요한 의미를 지니기도 합니다. 무위자연(無爲自然).

지금까지 '다름'과 관련된 언어현상을 살펴보았습니다. 아래에서는 문화에 따라 '다름'에 대해 다르게 생각하는 현상에 대해 알아보겠습니다.

11.3. 다름에 대한 다른 생각

2017년을 기준으로 서울대학교 선체 교수 2,288명 중에서 서울대 졸업생이 1,861명으로 전체에서 차지하는 비중이 81.3%에 달합니다. 과에 따라서는 본교 출신이 100%인 과도 있습니다. 우리나라에서 가장 좋은 대학이니까 가장 좋은 대학출신이 교수가 되는 것이 당연하다고 생각할 수도 있습니다. 그런데 미국의 대학에서는 이런 것은 꿈도 꾸지 못할 일입니다. 세계 최고의 대학이라 할 수 있는 Harvard 대학에는 Harvard 출신이 그렇게 많지 않습니다. 서울대학교와 Harvard 대학의 현실이 무엇을 말해주고 있는 것일까요?

우리는 나와 같거나 비슷한 것을 좋아하는 것 같습니다. 동향, 동문, 동족을 좋아합니다. 앞서 살펴본 것처럼 한 집단 내에서 조화롭게 살기 위해서는 비슷한 생각을 가진 사람들끼리 어울려 사는 것이 서로에게 편합니다. 우리는 다른 것에 대해 매우 불편해 합니다. 일상 언어생활 속에서 우리는 '다른' 것을 '틀린' 것으로 표현할 때가 자주 있습니다. "이것은 저것과 달라."라고 표현해야 하는데, 우리는 무심코 "이것은 저것과 틀려."라고 흔히들 말합니다. 우리의 생각이 반영된 표현은 아닐까요? '다름'이 곧 '틀림'이 되는 사회는 발전 가능성이 없습니다.

Harvard 대학에서 본교 출신을 교수로 뽑지 않는 이유는 다른 학문적 배경을 가진 교수들이 모여 연구하고 토론할 때 새로운 창의적인 아이디어가 나올 수 있다고 믿기 때문입니다. 우리는 같은 생각을 가진 사람을 뽑아 주어진 질서 속에서 조화롭게 살아가는 것을 먼저 생각합니다. 하지만 서양사회에서는 창의적인 사고로 발전된 미래로 나아가기 위해서는 나와 다른 생각을 경청하고 존중해야 한다고 생각합니다. 영어에 'make a difference'란 말이 있습니다. 이 표현은 아주 긍정적인 말입니다. 어쩌면 최고의 찬사일 수도 있습니다. '음소'를 기억합니까? 음소는 의미의 차이를 만드는 소리입니다. 다른 소리와 구분되는 소리입니다. 다른 소리와 구분되기 때문에 아주 중요한 소리이지, 결코 '틀린' 소리가 아닙니다. 다른 모든 것과 다른—혹은 구분되는—것을 'unique'하다고 합니다. 다른 것과 다른 것이 '틀린' 것이 아니고 'unique'한 세상이 되기를 바래봅니다.

'물방울' 그림으로 세계적으로 유명한 화가가 있습니다. 바로 김창렬 화백입니다. 김창렬 화백이 물방울을 그리기 시작한 데에는 이런 일화가 있습니다. 어느 날 아침에 세수를 하다가 잘못해서 캔버스에 물방울이 튀었다고 합니다. 그런데 캔버스 뒷면에 묻어 있던 물방울들이 마치 하나의 그림처럼 보여 그때부터 물방울을 그리기 시작했다고 합니다.

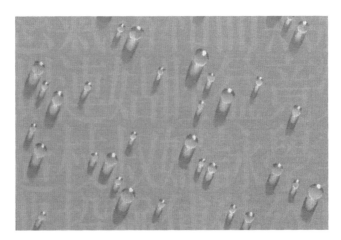

<그림 3> 김창렬 화백의 '물방울' 작품

화백은 오직 물방울 그림만을 그리며 살아오셨습니다. 물방울 하나로 세계적인 화가가 된 이유가 무엇일까요? 남들과 다른 시각으로 자기만의 독특한 색깔을 담아내었기 때문에 그런 것은 아닐까요?

12번째 이야기

소통과 공감

아래 그림은 누구의 작품일까요? 17세기 바로크 시대의 네덜란드 화가 렘브란트(Rembrandt)의 작품일까요?

<그림 1> 인공지능이 그린 '넥스트 렘브란트'

마이크로소프트사와 네덜란드의 과학자들이 공동 개발한 인공지능이 그린 그림입니다. 모자를 쓰고 하얀 깃 장식과 검은색 옷을 착용한 30, 40대 백인 남성을 렘브란트의 화풍으로 그리라는 명령을 듣고 인공지능이 '심층학습(deep learning)'을 통해 학습한 내용을

바탕으로 렘브란트와 똑같은 화풍으로 남자의 초상화를 새롭게 그려내었습니다. 인공지능이 쓴 소설이 문학상 1차 심사에 통과했다는 얘기도 들립니다. 인공지능이 인간의 영역으로만 알던 창의성의 세계로 이미 들어왔습니다. 앞으로 인공지능이 어디까지 발전할지 모르겠습니다. 인공지능에게 모든 일자리를 내어주어야만 할 것 같습니다.

문자메시지와 관련된 일화입니다. 문자를 보내는 것에 익숙하지 않은 한 경상도 엄마가 중학생 딸의 귀가 시간이 늦어지자 문자를 보냈습니다. "안 오나." 그 문자메시지를 받은 딸과 함께 그 문자메시지를 본 딸의 친구가 묻습니다. "너희 엄마 화나셨니?" "안 오나."란 말을 "빨리 안 오고 뭐해!"라고 나무라는 말로 이해한 것입니다. 그런데 엄마는 언제쯤 마중을 나갈까 궁금해서 보낸 문자였습니다. 자초지종을 알게 된 엄마는 그 이후로 "안 오나?~ㅋㅋ"라고 문자를 보냈답니다. 여러분은 '알았어~^^' 또는 '알았어~ㅠ'처럼 문자와 함께 사용하는 '이모티콘(emoticon; emotion + icon)'에 대해 어떻게 생각하세요? 어떤 사람들은 한글을 파괴한다고 싫어합니다. 하지만 메시지 전달이라는 측면에서 보면, 매우 자연스러운 현상입니다. 우리가 얼굴을 마주보며 대화를 할 때는 말뿐만 아니라 얼굴표정이나 목소리로 상대방의 감정을 읽을 수가 있습니다. 하지만 문자메시지는 메시지의 내용만 전달할 뿐 감정을 전달할 수가 없습니다. 그러니까 이모티콘은 감정을 전달하는 얼굴표정이나 말투와 같은 비언어적인 수단을 대신하는 것입니다.

기호는 기표와 기의로 구성이 됩니다. 기표가 나타내는 것이 기의입니다. 그런데 기의가 반드시 정보만을 의미하는 것은 아닙니다. 기의에는 감정도 포함됩니다. '안 오나?'란 문자는 정보만 전달한 것이지 감정은 전달할 수 없었던 것입니다. 사람끼리 대화하는 시간보다 스마트폰, 컴퓨터, TV 등 기계와 보내는 시간이 훨씬 많은 시대입니다. 현대인들은 사람보다는 기계를 통해 훨씬 더 많은 정보를 얻습니다. 그것이 또 훨씬 편리합니다. 따라서 점점 더 우리는 기계에 의존하게 됩니다. 그러는 사이에 우리는 소통하고 공감하는 능력을 점점 잃어가고 있습니다.

인간의 지식과 정보가 인공지능을 따라갈 수 없는 시대입니다. 인간이 인공지능을 이길 수 있는 분야가 거의 없어 보입니다. 하지만 우리에게는 함께 기뻐하고, 화내고, 슬퍼하고, 즐거워하는 감정이 있습니다. 진화심리학자인 Dunbar(1996)는 언어의 진화와 관련하여 흥미로운 주장을 합니다. 언어가 유인원들이 이웃과의 교감을 나누기 위해 하는 '털 고르기(grooming)'에서 진화하였다는 것입니다. 집단이 커지면서 한꺼번에 여러 사람에게 털 고르기 효과를 나타내기 위해 언어가 발달하게 되었다는 가설입니다.

<그림 2> '털 고르기'와 '수다 떨기'를 통한 교감

이 가설에 대해 비판적인 시각도 있지만, 언어가 정보전달만이 아니라 감정을 나누는 역할을 한다는 점은 부인할 수 없습니다. Dunbar의 주장대로, 인간은 아무런 정보교환이 이루어지지 않는 수다 떨기(gossip)를 통해 유인원이 하는 털 고르기에서 얻는 똑같은 효과를 얻는 것입니다. 수다뿐만 아니라 서로가 나누는 따뜻한 위로와 격려의 말을 통해 우리는 서로 교감할 수 있는 것입니다.

미래의 리더(leader)는 인간에 대한 이해를 바탕으로 소통하고 공감할 수 있는 능력을 지닌 사람이 될 것입니다. 지금까지 살펴 본 기호, 언어, 문화를 포함한 다양한 이야기들이 인간을 이해하고, 여러분의 개성과 창의성을 발휘하는데 도움이 되기를 바랍니다.

참고문헌

김은일. 2018. 『문화 간 의사소통과 언어』. 파주: 한국학술정보.

김익환. 1987. 의사소통 형태에 미치는 문화의 영향: 한국과 미국을 중심으로. 『동서문화』19, 309-330.

김형인. 2008. 미국과 한국의 문화적 갈등의 근원: 문화코드의 비교연구. 『국제지역연구』12, 83-106.

박종호. 1989. 한국인과 미국인의 의사소통 차이: 언어와 문화를 중심으로. 『언어연구』6, 193-207.

류미령. 2018. 『원어민과 한국인 학습자의 응집장치로서의 and 사용 비교분석 연구』. 박사학위논문, 부경대학교.

최인철. 2007. 『프레임』. 서울: 21세기북스.

EBS 제작팀과 김명진. 2012. 『EBS 다큐멘터리 동과 서』. 서울: 지식채널.

Ariely, D. 2008. *Predictably Irrational: The Hidden Forces that Shape our Decisions.* New York: HarperCollins. (장석훈 (역). 2008. 『상식 밖의 경제학』. 서울: 청림출판.)

Billington, R. A. 1973. *Frederick Jackson Turner: Historian, Scholar, Teacher.* Oxford: Oxford University Press.

Cobley, P. 1997. *Introducing Semiotics.* Flint, MI: Totem Books. (조성택과 변진경 (역). 2002. 「기호학」. 서울: 김영사.)

Dirven, R. and M. Verspoor. 1998. *Cognitive Exploration of Language and Linguistics.* Amsterdam: John Benjamins Publishing Company.

Dunbar, R. I. M. 1996. *Grooming, Gossip and the Evolution of Language.* London: Faber and Faber.

Fernald, A. and H. Morikawa. 1993. Common Themes and Cultural Variations in Japanese and American Mothers' Speech to Infants. *Child Development 64*, 637-656.

Hall, E. T. 1989. *Beyond Culture.* New York, NY: Anchor Books.

Ji, L. J., Z. Zhang and R. E. Nisbett. 2004. Is it Culture, or is it Language? Examination of Language Effects in Cross-cultural Research on Categorization. *Journal of Personality and Social Psychology 87*(1), 57-65.

Kalton, M. C. 1979. *Korean Ideas and Values.* Elkins Park, PA: Philip Jaisohn Memorial Foundation.

Lakoff, G. 2006. *Don't Think of an Elephant! Know Your Values and Frame the*

Debate. Chelsea Green: White River Junction. (나익주 (역). 2007. 『프레임 전쟁』. 파주: 창비.)

Masuda, T. and R. E. Nisbett. 2001. Attending Holistically versus Analytically: Comparing the Context Sensitivity of Japanese and Americans. *Journal of Personality and Social Psychology 81*(5), 922-934.

Masuda, T., P. C. Ellsworth, B. Mesquita, J. Leu, S. Tanida and E. Van de Veerdonk. 2008. Placing the Face in Context: Cultural Differences in the Perception of Facial Emotion. *Journal of Personality and Social Psychology 94*, 365-381.

Masuda, T., R. Gonzalez, L. Kwan and R. E. Nisbett. 2008. Culture and Aesthetic Preference: Comparing the Attention to Context of East Asians and Americans. *Personality and Social Psychology Bulletin 34*(9), 1260-1275.

Mead, G. H. 1934. *Mind, Self, and Society from the Standpoint of a Social Behaviorist*. Chicago, Il.: The University of Chicago Press.

Nicolelis, M. A. 2018. Monkeys' Brains Synchronize As They Collaborate To Perform A Motor Task. MAR 29, 2018, Duke Health News.

Nisbett, R. E. 2003. *The Geography of Thought: How Asians and Westerners Think Differently ... and Why*. New York: The Free Press.

Rosch, E. 1973. Natural Categories. *Cognitive Psychology 4*(3), 328-50.

Tajfel, H., M. G. Billig, R. P. Bundy and C. Flament. 1971. Social Categorization and Intergroup Behaviour. *European Journal of Social Psychology 1*(2), 149–178.

Tversky, A. and D. Kahneman. 1981. The Framing of Decisions and the Psychology of Choice. *Science 211*, 453-458.

Werber, B. 1993. : L'Encyclopédie du savoir relatif et absolu) Paris: Albin Michel. (이세욱 (역). 1996. 『상대적이며 절대적인 지식의 백과사전』. 서울: 열린책들.)

찾아보기

4차 산업혁명 13, 16, 140

가족닮음 148, 150, 178, 180
각운 305
강세박자 언어 307
개인주의 224, 237
개자추 콤플렉스 242
거리의 원리 36, 37
경제학 266
    행동경제학 266
    공유경제 289
경험적 기초 48, 52
계열체적 관계 277, 279
고맥락 (문화) 226
고전모형 146
고전적 견해 146, 147, 154
공동사회 224
공유경제 289
과학적 지식 254
관점 64, 67, 81
    인간중심적 관점 75, 82
    자기중심적 관점 75, 81
광고 56, 242, 273
    대체철자 57
    손실 프레임 268
    자동차 57, 127, 183
    정기구독 신청 266
    I ♥ NY 57
    I • Seoul • U 58
규약 95
근원개념 47, 51
기독교 49, 229

기업 14, 115, 287
    삼성 14
    애플 14, 15
    쿠팡 27, 121
    Airbnb 16, 289
    Alibaba 16
    CJ 117
    DB 117
    Dyson 287
    Facebook 138
    Google 138
    Instagram 138
    Kyocera 15
    LG 117
    LinkedIn 16
    Nest 139
    NH 117
    POSCO 117
    Slack 16
    Solar Roadways 288
    SONY 15
    Uber 289
    WhatsApp 138
    YouTube 16
기의 18, 21, 42, 75, 96
기표 18, 20, 25, 42, 75, 96
기호 13, 18, 20
    기표 18, 20, 25, 42, 75, 96
    기의 18, 21, 42, 75, 96

내집단 226

단의성 172
다의성 172, 182
다의어 172, 174, 175, 176
    핵심의미 178, 181
    의미연쇄 178, 181
도덕적 딜레마 143
도상 19, 23
    도상성 원리 33, 283, 284
        양의 원리 34
        거리의 원리 36, 37
        순서의 원리 35, 36
    아이콘 14, 32
도상성 원리 33, 283, 284
동양문화 197, 227, 233
동음어 33, 56, 104
동일시 232
동화 54, 65

라임 304, 305
    각운 305
리듬 304, 307
    강세박자 언어 307
    음절박자 언어 307

말뭉치 126, 132
명시적 의미 113, 114
목표개념47
문학 (시)
    무지개 (W. Wordsworth) 153
    남으로 창을 내겠소 (김상용) 247
    나의 길, 새로운 길 (윤동주) 305
    진달래꽃 (김소월) 308
    Amazing Grace (J. Newton) 307
    To see a world (W. Blake) 305
물리학 218
    엔트로피 법칙 218
미술 (그림) 16

고원법 89
동양의 초상화 196
렘브란트 (AI) 315
만폭동 (정선) 88
물방울 (김창렬) 311
서양의 초상화 197
심원법 89
아비뇽의 처녀들 (Picasso) 90
아프리카의 전통가면 89
원근법 89
평원법 89
민간어원 108, 110
민간지식 254

반의어 125
방향은유 50
범주 146, 149
    가족닮음 148, 150, 178, 180
    고전모형 146
    고전적 견해 146, 147, 154
    범주화 145, 161
    불명확한 경계 154
    원형모형 146
    원형적 견해 148
범주화 145, 161
법 165
    법정 211
    법치주의 213
법정 211
법치주의 213
분류학 155
불교 53, 202
불명확한 경계 154

상징 20, 22
상향식 15
상황론 207

생태적 환경 197
서양문화 199, 202
수(학)
　　　나이 계산 295
　　　로마 숫자 282
　　　숫자 읽기 293
　　　십진법 184
　　　아라비아 숫자 282
　　　이진법 184
순서의 원리 35, 36
순환논리 39
신문방송
　　　외신기자 210
　　　한국기자 210
신화 278
　　　그리스로마 신화 53
　　　신화소 281
　　　오이디푸스 가족 신화 279
신화소 281
심리학 63
　　　개자추 콤플렉스 242
　　　배경요소와 행위자 204
　　　사진 찍기 193
　　　인지발달 단계 78
　　　틀 248
　　　프레임 248, 263
　　　후광효과 63

아이콘 14, 32
암시적 의미 113
양의 원리 34
언어의 보수성 103
연어 123, 126
완곡어법 114
외집단 226
우주관 200
운명론 208

원시종교 53
원형 148
원형모형 146
원형적 견해 148
유교 229
유사성 67
유의어 125
윤회사상 49
은유 33
　　　경험적 기초 48, 52
　　　근원개념 47, 51
　　　목표개념 47
　　　방향은유 50
　　　은유적 확장 175
은유적 확장 175
음소 281
음절 297, 301
음절박자 언어 307
의미연쇄 178, 181
의미적 투명성 46
이모티콘 31
이음 298
이익사회 225
인간중심적 관점 75, 82
인문학 17
인본주의 207
인접성 24
인지발달 단계 78
일반화된 타자 227
일부다처제 171
일부일처제 171
일처다부제 171
입장 85, 207
자기중심적 관점 75, 81
자연관 200
저맥락 (문화) 226
정의 238, 244

종교 53
　　기독교 49, 229
　　불교 53, 202
　　유교 229
　　원시종교 53
지표 20, 24
　　지표성 원리 64, 75
직시적 76, 81
집단주의 224
징크스 74

코퍼스 130, 132

통상 213

통합체적 관계 277, 279
틀 248

퍼지논리 164
프레임 248, 263
　　프레임 전쟁 262

하향식 15
합리주의 208
핵심의미 178, 181
행동경제학 266
환유 64, 67
　　환유적 확장 177
후광효과 63

번역용어 찾기

allophone   이음 298

alternate spelling   대체철자 57

anthropocentric perspective   인간중심적 관점 75, 82

antonym   반의어 125

assimilation   동화 54, 65

Behavioral Economics   행동경제학 266

binary number system   이진법 184

bottom-up   상향식 15

categorization   범주화 145, 161

category   범주 146, 149

circular logic   순환논리 39

classical model   고전모형 146

collocation   연어 123, 126

connotation   암시적 의미 113

conservatism of language   언어의 보수성 103

constitutionalism   법치주의 213

contiguity   인접성 24

convention   규약 95

core-meaning   핵심의미 178, 181

corpus   코퍼스, 말뭉치 130, 132

deictic   직시적 76, 81

denotation   명시적 의미 113, 114

ego-centric perspective   자기중심적 관점 75, 81

emoticon   이모티콘 31

Entropy Law   엔트로피 법칙 218

euphemism   완곡어법 114

experiential basis   경험적 기초 48, 52

family resemblance   가족닮음 148, 150, 178, 180

fatalism   운명론 208

folk etymology   민간어원 108, 110

folk knowledge   민간지식 254

frame   틀, 프레임 248

fuzzy boundary   불명확한 경계 154

fuzzy logic   퍼지논리 164

Gemeinshaft   공동사회 224

generalized other   일반화된 타자 227

Geselshaft   이익사회 225

halo effect   후광효과 63

high context (culture)   고맥락 (문화) 226

homophone   동음어 33, 56, 104

humanism   인본주의 207

humanities   인문학 17

icon   도상, 아이콘 19, 23

ingroup   내집단 226

jinx   징크스 74

justice   정의 238, 244

low context (culture)   저맥락 (문화) 226

meaning chain   의미연쇄 178, 181

metaphor   은유 33

metaphoric extension   은유적 확장 175

metonymy   환유 64, 67

metonymic extension   환유적 확장 177

monogamy   일부일처제 171

monosemy   단의성 172

moral dilemma   도덕적 딜레마 143

myth   신화 278

mytheme   신화소 281

orientational metaphor   방향은유 50

outgroup   외집단 226

paradigmatic relation	계열체적 관계 277, 279
phoneme	음소 281
polyandry	일처다부제 171
polygamy	일부다처제 171
polyseme	다의어 172, 174, 175, 176
polysemy	다의성 172, 182
Principle of Distance	거리의 원리 36, 37
Principle of Iconicity	도상성 원리 33, 283, 284
Principle of Indexicality	지표성 원리 64, 75
Principle of Sequential Order	순서의 원리 35, 36
Principle of Quantity	양의 원리 34
prototype	원형 148
prototype model	원형모형 146
rationalism	합리주의 208
rhyme	라임 304, 305
rhythm	리듬 304, 307
scientific knowledge	과학적 지식 254
semantic transparency	의미적 투명성 46
sharing economy	공유경제 289
sign	기호 13, 18, 20
signified	기의 18, 21, 42, 75, 96
signifier	기표 18, 20, 25, 42, 75, 96
similarity	유사성 67
situational determinism	상황론 207
source concept	근원개념 47, 51
stress-timed language	강세박자 언어 307
syllable	음절 297
syllable-timed language	음절박자 언어 307
symbol	상징 20, 22
synonym	유의어 125
syntagmatic relation	통합체적 관계 277, 279
target concept	목표개념 47
taxonomy	분류학 155
top-down	하향식 15

김은일

University of Colorado at Boulder (Ph. D.)
부경대학교 영어영문학부 교수 (현)
부경대학교 외국어교육원 원장 (역임)
새한영어영문학회 회장 (역임)
외무고시 등 각종 공무원시험 출제위원

류미령

부경대학교 문학박사
부경대학교 학부, 교육대학원, 국제대학원 강의 (현)
부산교육대학교 강의 (현)
대구한의대학교 강의 (전)

기
호
와 언
어
로 읽
는
12
가
지 세
상 이
야
기

—— 학문의 경계를 넘어서

14

초판인쇄 2018년 9월 21일
초판발행 2018년 9월 21일

지은이 김은일·류미령
펴낸이 채종준
펴낸곳 한국학술정보㈜
주소 경기도 파주시 회동길 230(문발동)
전화 031) 908-3181(대표)
팩스 031) 908-3189
홈페이지 http://ebook.kstudy.com
전자우편 출판사업부 publish@kstudy.com
등록 제일산-115호(2000. 6. 19)

ISBN 978-89-268-8567-3 93330